Walter Röpke

MEINE SCHÜLER UND ICH

Walter Röpke

. . . .

"Meine Schüler und ich"

ERINNERUNGEN EINES ALTEN SCHULMEISTERS

edition
DAX

Originalausgabe
Erste Auflage

Herausgegeben von Dagmar Reichardt
Bearbeitet von Reidar Meyer-Brandt

Gesamtherstellung:
REIDAR PRINT & MEDIA SERVICE
Alsterdorfer Straße 80
2000 Hamburg 60
Telefon: 040 / 511 30 69 (FAX: 040 / 511 96 69)

ISBN 3-88697-000-0

Illustration: Silka Meyer-Brandt
Lektorat: Caroline Hartge

INHALT

EINLEITUNG

Ein beliebtes Gesprächsthema von Jung und Alt ist die Schule. Wenn von ihr die Rede ist, merken alle auf. Die Alten werden wieder jung und die Stillen gesprächig. In der Erinnerung werden die Schulerlebnisse mit einem goldenen Schleier umwoben, und dabei weiss jeder, dass die Schule in Wahrheit ein notwendiges Uebel ist, um Lesen, Rechnen, Schreiben und Denken zu lernen.

An die Schulzeit knüpfen sich tausend Erlebnisse. Da gibt es die guten und schlechten Kameraden, die Filous und die Rowdies, und da gibt es vor allem die Lehrer, die meistens im Mittelpunkt der Erlebnisberichte stehen.

Darüber gibt es unzählige Geschichten. Ich will einmal umgekehrt von meinen Schülern erzählen.

Aus den vielen Hunderten, die im Laufe meines langen Schulmeisterlebens durch meine Hände gingen, will ich einige auswählen, die besonders lebendig in meinem Gedächtnis haften geblieben als Weggenossen meines Lebens.

Sie sollen stellvertretend für alle Ungenannten stehen.

Fangen wir also an.

In Mecklenburg

Ein A-B-C-Schütze

Irgendwo in Mecklenburg liegt ein verträumtes Dorf. Wer Sadelkow auf der Landkarte suchen will, muss ein Messtischblatt zur Hand nehmen, sonst findet er es nicht. In der Weltgeschichte hat es keine bedeutende Rolle gespielt, aber Kirche und Schule wirken wie Trutzburgen, denn ihre dikken Wände sind aus Felsen gebaut.

Die einklassige Schule liegt am Dorfplatz. Zu Pfingsten, wenn ringsherum alle Fliederbüsche weisse und lilafarbene Blüten aufgesteckt haben, lagert über dem Schulhaus ein berückender Duft. Die Fenster der einzigen Klasse sind weit geöffnet und aus fröhlichen Kinderkehlen tönt es: "Der Mai ist gekommen..."

Auch die Kleinsten, die ABC-Schützen, die Ostern zur Schule gekommen sind, singen schon mit.

Im Frühjahr ziehen die Gespanne des Gutshofes, 12 bis 14 zu je 4 Pferden, schon frühmorgens am Schulhaus vorbei, jeden, der nicht gerade ein steinernes Herz hat, zur Bewunderung nötigend. Das glatt gestriegelte Fell der Tiere glänzt in der Morgensonne, die sauberen Geschirre umschliessen die kräftigen Leiber. Ihr Gang ist trotz ihrer Wuchtigkeit wenig schwerfällig. Reiter und Pferde sind ausgeschlafen und guter Laune. Die Gespannführer, die Knechte, sitzen mit hängenden Beinen auf dem Rücken ihres Leitpferdes und pfeifen lustige Weisen mit den Drosseln und Staren um die Wette.

Aus den Fenstern der Klasse klingt das Mailied in die Dorfstrasse hinaus: "Herr Vater, Frau Mutter, dass Gott Euch behüt'! Wer weiss, wo in der Ferne das Glück mir noch blüht?...."

In diesem Augenblick zieht gerade der Pferdetross vorüber. Die jungen Burschen, die im Reitsitz hin- und herwiegen, haben die Melodie aufgenommen und pfeifen sie laut vor sich hin. Ich, der es als Erster vernimmt, lege den Zeigefinger auf den Mund, da wird es mäuschenstill in der Klasse. Und nun klingt das Lied von draussen nach drinnen und wohl auch in die Herzen der Kinder zurück. Jetzt sind die da draussen vorbei.

Da fuchtelt der kleine Rudolf Sternhagen mit seinem Arm wild durch die Luft. Ich weiss, er hat wieder etwas auf dem Herzen, das er so schnell wie möglich los sein muss.

Ich frage ihn also.

Mit strahlendem Blick schiesst es aus ihm heraus: "Herr Röpke, ich kann all fleuten as'n Knecht!"

Er wusste kein anderes Glück, als später einmal selber als Gespannführer auf dem Rücken eines Braunen der Feldbestellung entgegenzuziehen, aber er wusste noch nicht, dass diese dörfliche Romantik innerhalb zweier Jahrzehnte auf immer versunken sein würde.

Das singende Dorf

Durch die Schulreform sind zu meinem grössten Bedauern die kleinen Schulen in den dörflichen Gemeinden eingegangen und zu Schulfabriken der Städte oder Grossgemeinden geworden. "Gemeinschaftsschulen" oder "Dörfergemeinschaftsschulen" heissen diese Gebilde heute. Sie sind kostspielige Experimente am Niedergang unserer ländlichen Kultur.

Die "Einklassige Schule" war ein Bildungsfaktor im dörflichen Kulturkreis. Man sage mir nichts gegen diese Einrichtung. Sie war die denkbar Beste ihrer Art. Da waren noch echte Schulmeister am Werk. Das Können und Wissen ihrer Schüler konnte mit wenigen Ausnahmen den Konkurrenzkampf der mehrklassigen Schulen gut bestehen.

Die Bildung erwuchs aus einer Lebens- und Arbeitsgemeinschaft, die keine andere Schulart in diesem Masse aufzeigen kann. Da die Schüler aller Altersstufen mehrere Stunden des Tages im gleichen Raum arbeiteten, lernten die jüngeren Schüler vieles so nebenbei, vom Hören und Sehen, wozu man in getrennten Klassenräumen viel Mühe und Arbeit aufwenden muss.

Daher spreche ich vom gewachsenen Bildungsgut der einklassigen Schule. Ich habe leider nur wenige Jahre die Freude und das Glück gehabt, solcher kleinen Schule vorzustehen. Das war wie in einer grossen Familie, wo viele Geschwister miteinander aufwachsen.

Eins lernt vom anderen.

Das Unterrichten war hier eine wirkliche Kunst. Zum Schwadronieren war keine Zeit. Es musste zielstrebig und genau gelernt und gearbeitet werden.

Meine erste einklassige Schule lag in Ollendorf. Man kann es zwischen Neustrelitz und Feldberg finden. Sie bestand nur aus einem halben Tagelöhnerhaus. Zur Strasse hin lag der Klassenraum. Er war so gross, dass wir mit einer Stilbühne, aus farbigen Decken bestehend, Theater spielen konnten.

In der Klasse sassen 26 Jungen und Mädchen. In der Oberstufe waren sieben Mädchen und drei Jungen, die alle dem 7. und 8. Schuljahr angehörten. Die restlichen Sechzehn verteilten sich auf die übrigen Jahrgänge, davon 2 Mädchen und ein Junge im ersten Schuljahr. Das 9. Schuljahr gab es für die Einklassige noch nicht.

Ich habe auch später nie wieder eine Schule kennengelernt, in der die Schüler so gut und gern gesungen haben. An Sommerabenden zogen sie untergehakt über die Dorfstrasse und sangen den Eltern, die vor den Türen sassen, alte Volkslieder vor - und sie wussten viele.

Oft blieben wir vor einem Haus stehen, wo sich mehrere Nachbarn eingefunden hatten. Dann dauerte es auch nicht lange, bis auch die Erwachsenen mit einstimmten.

Man hätte Ollendorf das "singende Dorf" nennen können.

Ein ähnliches Erlebnis hatten wir, als wir einmal auf einer Wanderfahrt in der Jugendherberge von Neubrandenburg übernachteten. Sie lag an der Rostocker Strasse. Bevor es in die Klasse ging, sassen wir auf dem Vorplatz an der Rundkirche. Bald ertönten unsere Lieder. Da strömten die Leute aus der Nachbarschaft zusammen. Sie kamen aus dem Staunen nicht heraus, von einer so kleinen Dorfschule einwandfreien dreistimmigen Gesang zu hören.

Ich war nicht wenig stolz auf meine Sänger.

"Mit dem Pfeil, dem Bogen..."

In Neverin erwarteten 42 Schüler, Jungen und Mädchen aller Schuljahrgänge, mit grosser Spannung ihren neuen Lehrer zum ersten Unterricht.

Aber ging es mir anders? War nicht auch ich gespannt, wie wir miteinander fertig würden?

Ich hatte kleine Papptafeln mitgebracht und verteilte sie.

"Jeder schreibt auf seine Tafel mit dicken Druckbuchstaben seinen Vornamen und stellt ihn so vor sich hin, dass ich ihn lesen kann. Dann weiss ich, wen ich aufrufe." Das klappte schon ganz gut. Einige stellten zwar ihren Namen auf den Kopf, aber das wurde schnell berichtigt.

Das beste Mittel von Herz zu Herzen sind fröhliche Lieder. Singen mögen Kinder immer gern. Sie wussten eine ganze Menge:

"Wem Gott will rechte Gunst erweisen.."
"Auf du junger Wandersmann.."
"Mit dem Pfeil, dem Bogen.."
"Auf der Lüneburger Heide.."
"Alle Vögel sind schon da.."
"Weisst du, wieviel Sternlein stehen.."

und noch viele andere.

"Welches Lied singt Ihr am liebsten?", fragte ich unschuldig. Da tönte es mir im Chor entgegen: "Mit dem Pfeil, gebogen..!"

Hatte ich richtig gehört?, sagte aber nichts.

Ich stimmte an, und nun begannen sie:

"Mit dem Pfeil, gebogen
durchs Gebirg und Tal
kommt der Schütz gezogen
früh im Morgenstrahl,
tralala tralala tralala..."

Nach diesem Lied sangen wir noch einige andere.
"So, jetzt wollen wir Euer Lieblingslied noch einmal sin-
gen." Aus voller Kehle schmetterten sie:
"Mit dem Pfeil, gebogen,
durchs Gebirg und Tal ..."
"Halt! Ihr singt etwas verkehrt. Es heisst: Mit dem Pfeil,
dem Bogen ... Bitte noch einmal singen!"
Und wieder tönte es:
"Mit dem Pfeil, gebogen, durch ...."
"Aufhören! So geht es nicht! Marie, komm mal an die Tafel
und schreibe den Text an!" Treuherzig schrieb sie: "Mit dem
Pfeil, gebogen..."
"Hier ist der Fehler", sagte ich und zeigte auf das falsche
Wort. "Es heisst nicht 'gebogen', der Dichter erzählt uns, dass
der Schütze mit dem Pfeil und dem Bogen durchs Gebirge
streift. Damals gab es noch keine Gewehre. Womit musste
man also schiessen, Willi?"
"Mit dem Pfeil und dem Bogen", krähte er.
"Wenn wir nun singen: Mit dem Pfeil und dem Bogen, so
kommen wir nicht mit den Tönen zurecht. Versuchen wir es
einmal."
Da sagte Fritz: "Da ist ein Wort zuviel".
"Richtig, welches?" - "Und".
Jetzt hast du die Sache klar, dachte ich.
"Marie, schreibe es nun mal richtig hin. Schreibe: Mit dem
Pfeil und dem Bogen durchs Gebirg und Tal, ja, so. Ein Wort
ist zuviel, welches?" "Und", wiederholte sie. "Dann streiche
es durch und setze an seine Stelle ein Komma. - Grossartig! -
Wie heisst es nun?"

Sie las: "Mit dem Pfeil, dem Bogen durchs Gebirg und Tal ..."

"Wir lesen es alle im Chor." Es geschah fehlerlos.

"Nun wollen wir es singen!"

Es klappte:

"Mit dem Pfeil, dem Bogen
durchs Gebirg und Tal ..."

Ich war zufrieden und freute mich, wie schön ich das gemacht hatte.

Nach der vierten Stunde sagte ich: "Bevor wir nach Hause gehen, wollen wir Euer Lieblingslied noch einmal singen." Sie waren freudig begeistert. Ich gab den Ton an und dann sangen sie aus voller Brust:

"Mit dem Pfeil, gebogen
durchs Gebirg und Tal ..."

Ein Wagen ist nicht so leicht aus der eingefahrenen Spur zu bringen, dachte ich.

Am nächsten Tag wurde der Text wieder an die Tafel geschrieben. Heinz malte Buchstaben für Buchstaben. Aber um das Wort "gebogen" kam er nicht herum. Nun stürmte Willi nach vorn, riss ihm die Kreide aus der Hand: "Oller Dussel, hinter dem Pfeil kommt ein Komma und dann heisst es: dem Bogen!"

Der Text wurde immer wieder richtig gelesen und gesprochen. Jetzt musste es doch klappen! Davon waren auch alle überzeugt. Also begannen wir. Ich hörte genau hin.

"Mit dem Pfeil gebogen
durchs Gebirg und Tal .."

Ich erlebte ein pädagogisches Matt erster Klasse.

Das schöne Lied wurde ein für alle Mal aus dem Repertoire abgesetzt.

Friedrich Schiller möge es gütigst verzeihen!

Der Seher

Schüler können oft den Lehrer in grosse seelische Bedrängnis bringen, vor allem auf solchen Gebieten, von denen der Volksmund sagt: Es gibt Dinge zwischen Himmel und Erde, die der Mensch nie ergründen wird. Es ist das Zauberreich des Unwirklichen, was die Menschen zu allen Zeiten in ihren Bann zog. Auch unsere Schüler bewegt es lebhaft, besonders in den Jahren, wenn sie in die Phase der strengen Sachlichkeit kommen. Dann gehen sie den Dingen auf den Grund. Dann wollen sie alles, aber auch alles genau wissen.

Märchen und Phantasien werden vom kalten Verstand verdrängt. In der Kirche sprach man von "Entmythologisierung", die leider zum Zerfall des Gotteserlebnisses geführt hat. Nun ist Christus nicht mehr der Sohn Gottes, sondern schlicht und einfach der Menschensohn.

In dieser Entwicklungsphase muss die Schule darauf achten, dass nicht das Kind mit dem Bade ausgeschüttet wird und das Sachdenken den seelischen Tiefgang verschüttet und das Gefühlsleben abstirbt.

Wenn man an den Niedergang der neuesten Erziehung denkt, kann es einen gruseln. Das Wissen unserer Schüler auf diesem Gebiet ist eine absolute Verarmung der Seele. Sie kennen kaum noch Märchen und Sagen, weder Balladen noch Lyrik, geschweige denn Volkslieder, ja nicht einmal der Text unserer Nationalhymne wird noch beherrscht.

Es kommt sehr darauf an, die Schüler ausser der Erschliessung der Sachwelt auch das Bewusstsein zu lehren, dass es eine geistige Welt gibt: Himmel und Hölle, Gott und Mensch, Gutes und Böses, Engel und Teufel. Diese Reihe lässt sich beliebig fortsetzen und deutet die Höhenlage des Problems an.

Wie gesagt, Schüler interessiert immer von neuem die unwirkliche Welt, die ihnen Rätsel aufgibt, wozu ihnen der

Schlüssel fehlt, sie zu lösen. Dann kommen sie in ihrer seelischen Not zum Lehrer, in der Hoffnung, dass sie nicht Steine statt Brot erhalten.

Einmal fragte mich Annemarie: "Gibt es das, was man Spuk nennt, überhaupt? Wir sind uns darüber nicht im klaren, einige sagen ja, andere nein."

"Wie kommt Ihr denn auf dieses Problem?" fragte ich. "Hans Witt behauptet, dass es in unserer Kirche spuken tut" rief Gerhard. "Tut es auch", sagte Hans.

Er war ein netter, aufgeweckter Junge, aber von Mutter Natur etwas stiefmütterlich behandelt. Er hatte keine Farbe in der Regenbogenhaut, darum leuchteten seine Augen immer rot, seine Kopfhaare und Augenbrauen waren weiss wie die eines Greises. Er war ein Albino.

Man musste sich sehr an den Anblick des Jungen gewöhnen. "Da wäre es wohl das Beste, wenn du uns dein Erlebnis in der Kirche schilderst."

"Das hat er schon oft getan", hiess es.

"Aber ich kenne es nicht und kann erst ein Urteil fällen, wenn ich seine Geschichte gehört habe. Mal los, Hans, erzähle", forderte ich ihn auf.

Zunächst wand er sich verlegen hin und her und wollte nicht mit der Sprache heraus.

Als er von allen Seiten ermuntert wurde, begann er schliesslich: "Es spukt da nicht immer, nur manchmal. Ihr wisst ja, dass ich sonnabends nachmittags die Kirchenlieder für meinen Vater anstecken muss. Ich bin dann ganz allein in der Kirche. Da knackt es manchmal im Holzgestühl, aber das stört mich nicht. Ich habe keine Angst. Und dann sehe ich plötzlich, wie hinter dem Altar eine Kutsche hervorkommt. Sie ist mit 6 weissen Pferden bespannt, die bunte Straussenfedern auf dem Kopfe haben und in goldenem Zaumzeug gehen. Ein alter Kutscher in prächtiger Uniform lenkt die Pferde. Aus dem Fenster der Kutsche lächelt eine Prinzessin freundlich zu mir hin. Sie ist viel hübscher als alle Mädchen in unserem Dorf. Sie fährt dreimal hinter dem Altar heraus und ist dann verschwunden. - "

Nach einer Pause sagte ich: "Hans, das hast du grossartig erzählt, hört sich wie ein Märchen an."

Er lächelte mich an.

"Ja", rief Fred, "er erzählt uns schöne Märchen!"

"Sollen wir das glauben?", fragte Inge.

"Wir müssen ihm abnehmen, dass er das so sieht", sagte ich.

"Sie meinen also, dass die Kutsche dort wie in einem Film vorüberfährt?"

"Für Hans ja."

"Vielleicht träumt er das mit wachen Augen und es ist doch bloss Phantasie", warf Fred ein.

"Ich glaube nicht, dass es ein Spuk ist", meinte Liesbeth.

"Zum Spuk gehören grässliche Dinge, die einen normalen Menschen in Angst und Furcht versetzen. Ich denke da an das Märchen, wie einer auszog, das Fürchten zu lernen."

"Wie war es da noch?", fragte ich.

Da sprudelte es heraus:

"Der Junge im Märchen hat keine Angst, darum kann ihm die ganze Spukerei auch nichts anhaben!"

"Es geht aber ganz toll zu. Er hat auch vor dem Gehenkten am Galgen keine Angst. Er nimmt ihn herunter und will ihn an seinem Feuer aufwärmen. Aber er wird nicht wieder lebendig."

"Noch toller geht es am Schluss zu. Da kommen greuliche Katzen mit glühenden Ketten. Er aber wird leicht mit ihnen fertig, weil er keine Angst hat."

"In den nächsten Nächten wird es noch schlimmer. Ich habe hier das Märchen von Grimm und lese mal einige Sätze vor", sagte Marianne. Und sie las: "Da trat ein Mann ein, der war grösser als alle anderen und sah fürchterlich aus. Er war alt und hatte einen langen, weissen Bart. 'Ei du Wicht', rief er, 'nun sollst du bald lernen, was Gruseln ist, denn du sollst sterben.'

'Nicht so schnell', antwortete der Junge, 'soll ich sterben, so will ich auch dabei sein.'

'Dich will ich schon packen', sprach der Unhold.

'Sachte, sachte .... so stark wie du bin ich auch und wohl noch stärker.' - 'Bist du stärker, so will ich dich gehen lassen. Komm, wir wollen's versuchen!'

Da führte er ihn durch dunkle Gänge zu einem Schmiedefeuer, nahm eine Axt und schlug den einen Amboss mit einem Schlag in die Erde.

'Das kann ich besser', sprach der Junge und ging zum anderen Amboss. Der Alte stellte sich daneben und wollte zusehen. Sein weisser Bart hing herab. Da fasste der Junge die Axt, spaltete den Amboss mit einem Hieb und klemmte den Bart des Alten mit hinein. 'Nun habe ich dich!', rief der Junge. 'Jetzt ist das Sterben an dir!'

So besiegte er den Spukgeist und erlöste das ganze Schloss."

"Bei dem Erlebnis von Hans geht es viel fröhlicher zu. Es ist darum auch kein richtiger Spuk", sagte Emil.

"Ich hab' ja auch keine Angst", warf Hans ein.

"Das ist das Wesentliche", sagte ich. "Durch Furcht entstehen in der Seele Angstvorstellungen, bei denen man zwischen Phantasie und Wirklichkeit nicht mehr unterscheiden kann. Solche Erlebnisse werden dann in Märchen und anderen Büchern als Spukgeschichten erzählt, die wir mir grosser Spannung lesen mögen. Doch solche Geschichten haben irgendwo einen wirklichen Kern, und wenn es das Knarren einer Tür im Dunkeln ist."

"Das ist aber bei Hans ganz anders", bemerkte Peter.

"Darum ist das auch kein richtiger Spuk, sondern bloss Einbildung."

"Du kommst der Lösung unseres Problems schon ganz nahe", sagte ich. "Ich möchte feststellen, dass uns Hans nicht etwas aufbinden will und keine Lügengeschichte erfunden hat. Er ist kein Angeber."

"Aber was dann?" rief Lene.

Ich sagte: "Es gibt Menschen, die besondere Talente und Gaben besitzen."

"Wie Musiker, Maler, Dichter", sagte Marianne.

"Richtig, das sind schöpferische Naturen, die mit Hilfe ihrer Phantasie ihre Werke schaffen, aber es gibt auch Menschen, ihrer sind wenige, die die Gabe des zweiten Gesichts haben. Sie sehen mehr als gewöhnliche Menschen. Es könnte sein, dass unser Hans diese Gabe des zweiten Gesichts hat. Ja, ich bin davon überzeugt, dass er sie hat."

"Ist das eine schlimme Sache?", fragte Lene.

"Das wohl nicht", sagte ich. "Aber es kann manchmal eine Last sein. Mein Grossvater mütterlicherseits war Schäfermeister und der hatte diese Gabe. Er sah z.B. auf dem Dach seines Nachbarn ein Fahrrad stehen. Dann sagte er zu seiner Frau, als er heimkam: "Na, unser Nachbar will demnächst verreisen." Nach einer Woche stellte sich dann heraus, dass der Bruder des Nachbarn gestorben war und er deshalb zur Beerdigung fahren musste."

"Hans", fragte Willi, "sag' mal ehrlich, hast Du bis auf die Kutsche in der Kirche auch sonst schon mal ein Gesicht gehabt?"

Hans schüttelte den Kopf. "Nein, noch nie."

Seit dieser Stunde hatte ich den Eindruck, dass die Klassenkameraden Hans mit grösserer Achtung begegneten, diesem jungen Seher in Miniaturausgabe.

Der ungläubige Thomas

Über Religionsunterricht sind viele gute, mittelmässige und auch schlechte Bücher geschrieben worden. Zu denen zählen auch solche, die aus bester Absicht versuchen, dem Religionslehrer Hilfen an die Hand zu geben, wie er seine Stunden gestalten kann. Es ist auch wohl keine Schande, solche Hilfsmittel als Anregung bei der Vorbereitung zu benutzen. Es gibt aber Situationen, in denen alle vorgefertigten Abläufe einer Stunde zu Wasser werden und manchem Religionslehrer den Boden unter den Füssen fortgezogen haben.

Religionslehrer sollte darum nur derjenige sein, der fest gegründet auf dem Boden des Glaubens steht, einem Leuchtturm gleich, der in der brandenden und tobenden Flut ringsumher wohl erzittert, aber nicht fällt.

In der Gegenwart taucht bald leise, bald laut die Forderung auf, den Religionsunterricht aus den Schulen zu verbannen, da er zu nichts nütze sei und die Schüler ihn im übrigen auch ablehnten.

Wenn wir soweit sind, dass die Schüler bestimmen, was in der Schule gelehrt werden soll, dann gute Nacht! Sie wollen am liebsten nichts, vor allem nichts, was Mühe macht. Auch Religion macht Mühe, nicht nur beim Lernen der Gebete, Lieder und Sprüche, sondern auch in der Erkenntnis, dass Religion nicht "Opium fürs Volk" ist, sondern ein unveräusserlicher Wert des abendländischen Menschen.

Der Mensch ist eben nicht bloss ein besseres Tier mit besserem Verstand, sondern ein vernunftbegabtes Wesen. Kinder besitzen nicht nur Verstandeskräfte, sondern auch Gemüt und sittliches Wollen.

Unsere heutige Bildung wendet sich vorzugsweise an den Verstand und vernachlässigt in furchtbarer Verkennung die Kräfte des Gemütes und der Sittlichkeit.

"Was kein Verstand der Verständigen sieht, das spüret in Einfalt ein kindlich Gemüt." Das bedeutet doch nicht, dass der junge Mensch in Dummheit erhalten werden soll, sondern dass der einfache Mensch sehr oft in Wahrheit gebildeter ist als der sogenannte Intelligenzprotz, dem meistens jedes Gespür dafür abgeht, was zur Würde des Menschen gehört. Wer aber im Religionsunterricht erfahren hat, wozu die Mächte dieser Welt fähig sind, kann klarer Gut und Böse unterscheiden und das Evangelium vom Reich Gottes gegen alle Verteufelung verteidigen und bewahren helfen.

In einer 6. Klasse sass ein Junge, dem der Religionsunterricht offenbar Mühe machte. Er hatte einen schmalen Kopf mit tiefliegenden blauen Augen. Sein Gesicht war blass, ja fast durchsichtig, und er sass gleichsam angespannt da, als wolle er jeden Augenblick zum Sprung ansetzen. So genau passte er auf, dass ihm kein Wort entging. Durch nichts liess er sich ablenken.

Eines Tages geschah es dann. Er konnte mit dem aufgestauten Zweifel nicht mehr zu Rande kommen. "Darf ich mal etwas sagen?" fragte er.

"Raus mit der Sprache, Karl-Erich!" ermutigte ich ihn.
"Herr Röpke, Sie dürfen es mir nicht übelnehmen. Aber Sie
haben stets von uns gefordert, in der Religion alles ehrlich
und offen zu sagen. Stimmt das nicht?"

Ich nickte mit dem Kopf.

So fuhr er fort: "Ich weiss mit Gott nichts anzufangen. Gibt
es den überhaupt? Ich hab ihn noch nie gesehen."

Den Jungen und Mädchen der Klasse wurden die Augen
gross. Solche Härte der Aussage hatten sie nie erlebt. Auch
Unmutsäusserungen machten sich breit. "Karl-Erich, lass
Dich nicht einschüchtern. Wir haben abgemacht, dass jeder
alles sagen kann, was ihn bedrückt, ohne dass er davon einen
Nachteil haben wird. Ich möchte sogar annehmen, dass
einige Deiner Klassenkameraden den gleichen Zweifel mit
sich herumschleppen, aber nicht den Mut haben, ihn auszu-
sprechen. Aber nun zu Deiner Frage: 'Gibt es Gott überhaupt,
ich habe ihn noch nie gesehen.' Ja, es gibt einen Gott. Viele,
viele kluge Menschen und weise Männer aller Kulturen
haben über diese Frage nachgegrübelt. Ueber die Frage,
welche Kraft ist der Urheber allen Lebens und Werdens.
Jedes Haus, jede Maschine, jede Erfindung haben einen Bau-
meister. Jemand, der sie sichtbar gemacht hat. Und die Natur,
die Pflanzen, die Tiere und Menschen, woher kommen die?"

Hier machte ich eine Denkpause, die Karl-Erich sofort
nutzte: "Ich habe gelesen, dass alles Leben aus einer einzigen
Zelle geworden ist."

"Ja, du hast recht, die materialistische Weltanschauung
operiert mit der Idee der Urzelle, bleibt uns aber die Antwort
schuldig, wer diese geschaffen hat. Denn aus sich selber kann
nichts werden. Es muss einen Ursprung haben, es muss ein
Schöpfer da sein. Es gibt keine andere Antwort als: Gott."

"Das mag stimmen, Herr Röpke, aber ich kann das schwer
begreifen. Wenn ich Gott sehen könnte, dann wüsste ich,
dass er da ist. Warum versteckt er sich?"

"Mein Junge, es gibt Dinge, die da sind und die wir doch

nicht sehen können. Wir spüren sie nur in ihren Wirkungen, an ihren Kräften. Mit einem solchen Ding gehen wir täglich um. Wir können uns daran wärmen, können damit kochen. Es macht uns unsere Stuben hell, wir treiben damit Maschinen an und benutzen es sonst noch bei vielen Verrichtungen..."

"Sie meinen die Elektrizität", rief Karl-Erich aus. "Genau" antwortete ich.

"Ja, die kann ich aber sehen, wenn z.B. die Lampe ein- oder ausgeschaltet wird", meinte der 'ungläubige Thomas'.

"Irrtum, mein Sohn, was Du siehst, ist das Licht, das von den glühenden Drähten in der Birne ausstrahlt. Du siehst eine Wirkung der Elektrizität, aber nicht die Elektrizität selber. Und wenn Du mit Deinen Fingern in eine Steckdose greifst, verspürst Du einen heftigen Schlag - es kann sogar Schlimmeres geschehen - aber die Elektrizität siehst Du nicht, sondern verspürst nur ihre gewaltige Kraft. Elektrizität ist also eine unsichtbare Kraft, die wir nicht sehen können, die aber dennoch vorhanden ist. Es gibt also sogar irdische Dinge, die unsichtbar sind, obwohl sie kein Mensch leugnen oder abstreiten kann."

"Herr Röpke", rief Karl-Erich aus, "nun begreife ich langsam die Sache mit Gott. Er ist eine unsichtbare Kraft wie die Elektrizität..."

"Oder wie die Atomkraft", warf Inge Michael ein. "Ja noch viel grösser und gewaltiger, denn er ist der Schöpfer aller Naturgesetze. Max Planck, der grosse deutsche Physiker, hat einmal gesagt: 'Alles, was wir bisher wissen und erforscht haben, ist nicht mehr, als wenn wir den Mantelsaum Gottes etwas angehoben hätten.'"

"Herr Röpke, ich will das heute abend noch einmal mit meinem Vater bereden. Ich glaube, ich weiss jetzt, dass es

Gott gibt."
Ob man begreift, dass ein Schulmeister einen solchen Jungen nie vergisst?

Der Rüpel

In der sechsten Klasse des Gymnasiums sass auch Dieter Krüger. Ich war Klassenlehrer und erteilte Deutsch- und Erdkundeunterricht.

Dieter war gross und kräftig und körperlich allen anderen überlegen. Auch seine geistigen Fähigkeiten waren befriedigend. In dieser Beziehung zeigte er keinen grossen Ehrgeiz. Weil er sich seiner Stärke bewusst war, suchte er hier sein Wertgefühl zu stillen. Bei jeder passenden und unpassenden Gelegenheit brach er mit seinem Nachbarn einen Streit vom Zaune, woraus er immer als Sieger hervorging. Er sass am Mittelgang ungefähr in der Mitte der Klasse.

Eines Tages schubste er mitten im Unterricht seinen Nebenmann mit dem Ellbogen. "Lass das!" ermahnte dieser ihn. Im nächsten Augenblick schlug Dieter ihm ins Gesicht.

"Dieter, komm mal nach vorn und setz Dich hier links auf den freien Platz! Sag mal, was soll solch übles Benehmen?"

Unter Murren kam er meiner Aufforderung nach, gab aber auf meine Frage keine Antwort. Die anderen Lehrer klagten übrigens auch über sein ungehöriges Benehmen.

Am nächsten Tag sass er wieder auf seinem alten Platz. Ich duldete es und sagte nichts dazu. Sein Nachbar, Fred Meier, kam nach der ersten Stunde zu mir. "Herr Röpke, ich möchte nicht mehr neben Dieter sitzen. Er belästigt mich fortwährend. Das macht er so heimlich, dass Sie es gar nicht sehen."

"Schön, Fred. Du darfst umziehen!"

Nach einigen Tagen kam Fred in der grossen Pause weinend zu mir. Dieter hatte ihm ein Bein gestellt, so dass er hingeschlagen war und sich die Knie verletzt hatte.

Ich nahm mir vor, Dieter in der nächsten Stunde den Kopf zu waschen.

"Sag mal, Dieter, warum hast Du Fred ein Bein gestellt und

23

ihn zu Fall gebracht?"

"Hab ich gar nicht!" sagte er mit finsterer Miene.

"Doch!" riefen mehrere Jungen.

In ihm stieg langsam die Wut hoch. "Ihr lügt ja!" rief er. "Ich hau euch das Fell voll!"

"Das wirst du schön bleiben lassen", sagte ich, "sonst kriegst du es mit mir zu tun."

"Wollen sie mir drohen?" rief er frech.

"Ich werde dich wegen schlechten Betragens ins Klassenbuch eintragen."

"Das stört mich nicht!" sagte er mit rotem Kopf.

So etwas von Ungezogenheit hatte ich noch nicht erlebt. Ich kümmerte mich zunächst nicht weiter um ihn und setzte den Unterricht fort. Am Nachmittag besuchte ich Frau Krüger, die mich ziemlich kühl empfing. Der Junge musste ihr schon etwas erzählt haben, aber mit negativen Vorzeichen für mich.

"Frau Krüger, Ihr Sohn benimmt sich unmöglich!" sagte ich im Laufe des Gespräches. "Er ist aufsässig, frech, brutal gegen seine Mitschüler und nimmt keine Ermahnungen an."

"Das kann ich nicht verstehen", flötete Frau Krüger. "Bei uns zu Hause ist er der beste Junge, den es gibt. Er ist lieb und willig, zu unseren Mitbewohnern ist er höflich und hilfsbereit."

"Das wundert mich sehr", sagte ich.

"Herr Röpke, ich glaube, Sie haben einen Piek auf Dieter. Er beklagt sich sehr über Sie, weil Sie ihn nicht mögen."

"Frau Krüger, lassen Sie sich keine Märchen aufbinden. Das stimmt nun ganz und gar nicht. Ich lasse nur nichts bei ihm durchgehen, und das ist ihm sichtlich unangenehm. Bei den anderen Lehrern benimmt er sich auch vorbei, aber die wollen sich nicht mit ihm einlassen. Er ist immer mit dem Mund vorweg und lässt seine Mitschüler im Unterricht kaum zu Wort kommen."

"Er ist eben ein aufgeweckter Junge", meinte Frau Krüger.

"Aber lange nicht der Begabteste", sagte ich ihr. "Frau Krüger, nun hören Sie mir bitte mal zu! Es ist Ihr gutes Recht, in Dieter einen Musterknaben zu sehen. Sie haben nur ihn als einziges Kind. Ich nehme es Ihnen aber nicht ab, dass er sich zu Hause so makellos beträgt, wie Sie es schildern. Sie wollen seine Unarten einfach nicht sehen und entschuldigen alles bei ihm. Ich möchte Sie bitten, dass Ihr Mann und Sie mit ihm ein ernstes Gespräch führen und ihm klar machen, dass er sein Verhalten gegen seine Mitschüler und Lehrer ändern muss. Im anderen Fall müssen wir uns überlegen, ob das Gymnasium die richtige Schule für ihn ist."

Damit verabschiedete ich mich.

"Ich danke Ihnen für Ihren Besuch, wir werden ihn uns vornehmen", sagte Frau Krüger kleinlaut.

Von den Mitbewohnern des Hauses erfuhr ich, dass der Junge seine Eltern ganz schön terrorisiere. Der Vater sei den ganzen Tag auf Arbeit. Die Mutter decke ihren Sohn in allen Fällen. Auch auf den Spielplätzen sei Dieter gefürchtet. Wenn er dort auftauche, gingen die Kinder aus Angst vor ihm nach Hause.

Das Gespräch mit der Mutter schien Früchte getragen zu haben, denn in den nächsten Wochen hatten wir in Dieter einen netten, normalen Schüler.

...Doch das Unglück schreitet schnell.

Man brachte Erika Schmöker zu mir ins Lehrerzimmer. Weinend mit blutiger Nase und geschwollenen Augen stand sie vor mir. Die Handschrift, die das verursacht hatte, kannte ich gleich. Natürlich Dieter?! Erika wurde zunächst von Frau Fuchs versorgt. Als ich in die Klasse kam, war da ein Aufstand ausgebrochen. Die Schüler standen alle drohend um Dieter herum, der behäbig auf seinem Platz sass. Ich hörte sie rufen: "Du Lump, du Schwein, Erika hat dir doch gar nichts getan. Wir wollen nichts mehr von Dir wissen. Du bist nicht mehr unser Klassenkamerad. Du kriegst Klassenprügel!"

Da stand Dieter steil auf. "Wer mich anfasst, den schlag ich tot!"

"Das wirst du dir hoffentlich sehr überlegen", sagte ich. Jetzt erst merkten alle, dass ich in die Klasse gekommen war und eilten zu ihren Plätzen. Ich wollte den Sachverhalt klären und sagte: "Dieter, komm mal nach vorn!"

Er rührte sich nicht vom Platz, sondern legte seinen Kopf auf die auf dem Tisch liegenden Arme.

"Dieter, komm bitte sofort her!" rief ich energischer. Er rührte sich auch jetzt nicht.

Na, dachte ich, dann musst du ihn mal hochnehmen. Ich ging also zu ihm, fasste ihn an den linken Arm und versuchte, ihn hochzuziehen. Da warf er sich vom Stuhl und lag vor Wut brüllend auf dem Erdboden.

"Mensch, Dieter, steh auf!" sagte ich.

"Sie haben mich heruntergestossen!" rief er mit heiserer Stimme.

"Gar nicht wahr!" riefen die Schüler im Chor.

"Dann bleib liegen", sagte ich und ging wieder nach vorn. "Wir wollen den Unterricht fortführen." Einige Schüler riefen: "Dieter, steh auf!"

"Lasst ihn in Ruhe, meinetwegen kann er bis übermorgen liegen bleiben. Wir hatten zu heute ein Gedicht zu lernen."

Erika fügte hinzu: "Von Fontane."

Dieter blieb die ganze Stunde über liegen. Als er in der Pause ausgebockt hatte, stand er auf. Wir nahmen keine Notiz mehr von ihm. Bei ihm hatte man versäumt, den Trotzkopf zu brechen, womit er sich selbst und anderen im Wege stand.

Ich beschloss, bei der nächsten Gelegenheit seine Aufsässigkeit mit einem Radikalmittel zu Leibe zu gehen. In seinen artigen Phasen war er nämlich ein netter Junge. Als ich am nächsten Tag die Hausarbeiten kontrollierte, brach die Katastrophe herein.

"Dieter, du hast Deine schriftliche Arbeit sehr unordentlich gemacht. Nennst Du das Schrift? Es ist eine einzige Schmiererei. Schreibe das zu morgen noch einmal! Aber sauber."

"Immer haben Sie etwas an mir auszusetzen. Ich kann machen, was ich will. Ich weigere mich! Stecken Sie sich die Arbeit an den Hut!"

Damit warf er mir sein Heft ins Gesicht. Die Klasse erstarrte.

"Setz dich, du Flegel!" Er ging zu Platz. Ich stellte der Klasse eine schriftliche Arbeit. Zum Klassensprecher sagte ich: "Du sorgst für Ruhe während meiner Abwesenheit!"

Dann ging ich zur Tür und sagte ganz ruhig: "Dieter, komm bitte mal mit!"

Er war wohl über seine Tat so verdattert, dass er ohne Schwierigkeiten meiner Aufforderung folgte. Im Lehrerzimmer sagte ich zu ihm: "Warum machst du eigentlich immer solche Sachen?"

"Das weiss ich auch nicht. Das steigt dann plötzlich ganz heiss in mir auf."

"Und jetzt" sagte ich, "steigt es auch in mir auf."

Vorsichtshalber hatte ich beim Hineingehen die Tür abgeschlossen. "Ich werde dir jetzt für alle deine Unarten eine Tracht Prügel verpassen, an die du lange denken wirst."

Ich fasste blitzschnell seinen Arm, nahm den Rohrstock, der auf dem Tisch lag, und schlug zu. Ich traf seinen Hintern und seinen Oberschenkel. Er schrie wie am Spiess. Mit der Prügelstrafe hatte er wohl bis dahin noch keine Bekanntschaft gemacht. Ich kam mir vor wie ein Henkersknecht und verabscheute im Grunde diese Art der Bestrafung.

"Jetzt fühlst du endlich mal, wie es tut, wenn man geschlagen wird. Willst du künftig deine Kameraden in Ruhe lassen und deinen Trotzkopf und deine Frechheiten unterdrükken?!" rief ich während der Prozedur. Dann schloss ich die Tür auf: "Raus, marsch in deine Klasse!" Aber dort war er nicht angekommen. Er war vermutlich nach Hause gerannt.

Als ich zurückkehrte, fragte Ulrich: "Haben Sie ihn ordentlich verwalkt?" "Darauf könnt Ihr Euch verlassen. Von ihm werdet Ihr künftig in Ruhe gelassen werden." Wie ein Aufatmen ging es durch die Klasse.

Nach etwa zwei Stunden klopfte es an die Tür. Da standen Mutter Krüger und Sohn.

"Sie müssen bitte bis zur Pause warten", sagte ich. "Gehen Sie bitte ins Elternsprechzimmer!"

Dort entwickelte sich später folgendes Gespräch:

"Herr Röpke, ich bin empört! Meinen Sohn so zu misshandeln. Ich war eben beim Arzt. Der Junge hat blutunterlaufene Striemen. Wir werden Sie anzeigen!"

"Frau Krüger, damit habe ich gerechnet. Ich weiss, dass ich den Rohrstock nicht benutzen darf. Die Strafe dafür bezahle ich gern. Ich lasse mir grundsätzlich nicht von ungezogenen Schülern auf der Nase herumtanzen. Es ist zu überlegen, ob Dieter weiterhin auf dieser Schule bleiben kann. Es wird sich herausstellen. Wenn sich sein sittliches Verhalten nicht um 180 Grad dreht, lehne ich es ab, ihn weiter zu unterrichten. Im übrigen ist mir bekannt geworden, dass sein Betragen im Hause, in der Nachbarschaft und auf den Spielplätzen alles andere als gut ist."

Frau Krüger schluckte.

"Ich werde den Vorfall mit meinem Mann besprechen."

Dann wandte sie sich an den Sprössling. "Wenn Du Dich nicht anständig benimmst, werde ich Papa alles erzählen." Damit entfernte sie sich und Dieter schlich zu Platz.

Die Ermahnung an ihren Sohn liess mich hoffen. Die Bestrafung hatte Wunder gewirkt. Schlagartig änderte sich sein Verhalten.

Später sagte er zu mir: "Ein zweites Mal wollte ich eine solche Tracht Prügel nicht bekommen."

Auf die Anzeige von Frau Krüger warte ich heute noch.

Eine sechste Klasse

Über der Zimmertür einer einklassigen Schule fand ich folgenden Spruch geschrieben:

Härte ohne Liebe entfremdet.
Liebe ohne Härte verweichlicht.

Hier wurde das pädagogische Geheimnis eines rechten Umganges mit Kindern offenbart. Dieser Leitspruch hat mir während meiner langjährigen Wirkungszeit als Lehrer immer als strahlender Stern vorangeleuchtet.

Nun wusste ich, dass mit blosser Härte und Strenge keine Kinderherzen zu gewinnen sind, aber auch Nachgiebigkeit und Weichheit keine Anerkennung finden. Wer meint, sich als Kumpel bei der Jugend anbiedern zu können, irrt gründlich. Jugend will gerecht behandelt werden, wenn es sein muss mit straffer Führung, damit sie weiss, wohin der Weg geht, aber auch mit richtiger Würdigung ihrer Leistung, lieber etwas mehr Lob als Tadel.

In der Schule muss gelernt werden, dann kommt man mit wenigen Hausarbeiten aus.

Die vorgeschriebenen Gedichte lernte ich mit meinen Schülern während der Deutschstunden auswendig, indem ich ihnen den Text vorsprach, bis sie ihn im Chor und einzeln nachsprechen konnten. In meiner sechsten Klasse des Gymnasiums erarbeiteten wir auf diese Weise lyrische Dichtungen und Balladen. Das machte uns allen viel Spass, weil jedes Kind den Text spielend auswendig wusste. Auch Rechtschreiberegeln wurden auf diese Weise gepaukt. Anschliessende Hausarbeiten dienten nur zur Kontrolle und Festigung des Gelernten.

Mit dieser Klasse übte ich auch ein Krippenspiel ein. Alle Kinder wurden beteiligt. Die Rollen wurden grundsätzlich doppelt besetzt. Dann konnte auch im Krankheitsfall nichts schiefgehen. Wer keine Rolle zu lernen hatte, betätigte sich als Kulissenschieber und Bühnenbeleuchter. Die Spieltexte lernten wir auch beim Rollenlesen in der Schule.

Immerhin wurde die Aufführung zu einem Musterstück,

das oft wiederholt werden musste und auch den Beifall der Eltern und der Presse erntete. Kurz vor den Osterferien musste ich zu einer Kur nach Westerland. Wer kann meine Freude empfinden, als kurz vor der Abfahrt des Zuges mehr als die Hälfte meiner Jungen und Mädchen auf den Bahnsteig stürmten, um mir Lebewohl zu sagen. Der Klassensprecher hatte sich meine Anschrift geben lassen. Ich habe von allen Briefe oder Karten bekommen.

In Vertretung vieler füge ich einige dieser Grüsse hier an.

Heide, 20.3.1972

Lieber Herr Röpke!

Jetzt sind Sie ja schon eine ganze Zeit weg. Wir vermissen Sie alle sehr. Oft sind Stunden ausgefallen. Aber dann freuten wir uns, denn das Wetter war so schön, dass man Kniestrümpfe anhaben konnte. Bei Ihnen ist hoffentlich auch schönes Wetter. Gefällt es Ihnen gut in Westerland? Haben Sie sich schon etwas erholt?

Morgen bekommen wir Osterferien. Ich freue mich schon sehr darauf, obwohl wir nicht verreisen. Ich verreise erst im Sommer mit meinen Eltern und meinen Geschwistern. Dann wollen wir nach Bulgarien an das Schwarze Meer fliegen. Ich freue mich schon heute darauf, denn das wird meine erste Reise in ein fremdes Land.

Ich wünsche Ihnen recht gute Erholung und grüsse Sie recht herzlich.

Ihre Kirsten Schubert

Barkenholm, 13.3.1972

Sehr geehrter Herr Röpke!

Ich hoffe, dass Sie gut in Westerland angekommen sind und dass der Arzt Ihnen nicht eine zu starke Kur verordnet hat. Sind die Pflegerinnen nett zu Ihnen? In den letzten Stunden, die wir sonst bei Ihnen hatten, war oft frei; die andern Stunden aber haben wir Vertretung. Sonst ist bei

uns im Unterricht nichts Besonderes.
Damit Sie sich nicht langweilen, möchte ich Ihnen nur ein kleines Rätsel aufschreiben.
1. *Einer der vier Fälle*
2. *Ein Boot, das unter dem Wasser fährt*
3. *Raubkatze*
4. *Hühnerprodukt*
5. *Fensterschmuck*
6. *Haustier*
7. *Zugvogel*
8. *Gefäss der Asche für verbrannte Menschen*
9. *Schwarzer Mensch*
10. *Märchengestalt*
11. *Ein Tier, das ein Ei zum Produkt hat*
12. *Ein Geflügeltier, das watschelt*
13. *Wortart mit "en" am Ende*
14. *Trinkgefäss*
15. *Berühmtes Sprichwort*
16. *Eine Frucht, die allen Kindern schmeckt*
17. *Anderer Name für Pferd*
18. *Anfangsbuchstabe Ihres Namens*
19. *Ein Tier im Wald*
20. *Erdgewinnung*
21. *Gegenstand, mit dem kleine Mädchen gern spielen*
22. *Tätigkeit am Tisch.*

Ich hoffe, Ihnen macht dieses kleine Rätsel etwas Spass!

Herzliche Grüsse
Ihre
Gundula Stöven

Hier schreibt der Klassensprecher:

Lieber Herr Röpke!
Ich bedanke mich für die Karte. Sie hat mir sehr gefallen. Bei uns ist seit Sonntag sehr schönes Wetter. Wir haben fast immer frei in Deutsch und Erdkunde.

Ich war auch am Sonntag an der See in Kiel-Schilksee bei meinem Onkel.

Ich wäre auch gern mit Ihnen gefahren. Mein Bruder und ich haben richtig Sehnsucht nach Sylt. Sie werden es schon sehr schön haben. Meine Freude war auch gross, Sie noch einmal auf dem Bahnhof zu sehen.

Viele Grüsse von der Klasse!

Ihr Klaus

* * * *

Heide, 16.3.1972

Sehr geehrter Herr Röpke!
Ich bedanke mich herzlich für Ihren Gruss! Wir haben 25 Grad in der Sonne. In der Schule klappt es ganz gut, auch mit dem Büchertausch. Hoffentlich haben Sie schönes Wetter. Haben sie auch schon Schachpartner gefunden? Ich wünsche Ihnen noch eine gute Erholung.

Ihr Schüler
Wolfgang Behm

* * * *

Grainau, den 28.3.1972

Lieber Herr Röpke!
Aus Grainau senden meine Eltern und ich Ihnen herzli-

che Ostergrüsse.
Hier ist es sommerlich warm, hoffentlich haben Sie auch gutes Wetter.

> *Herzliche Grüsse*
> *Ihr Gerd Olaf Osterkamp*
> *Heide, den 22.3.1972*

Lieber Herr Röpke!
Über Ihre Karte habe ich mich sehr gefreut und möchte mich bei Ihnen herzlich bedanken. Ich hoffe, Sie erholen sich gut im Urlaub.
Inzwischen haben wir auch Osterferien bekommen. Ich fahre mit meiner Mutter und meinem Bruder zu meinen Grosseltern in die DDR. Kurz vor Ostern haben wir noch eine Rechenarbeit geschrieben. Endlich habe ich es auf eine Zwei gebracht.
Ihnen wünsche ich recht schöne Ostertage!
Herzliche Grüsse sendet Ihnen

> *Ihr*
> *Stephan Jürczok*

Die Briefe zeugen von dem guten Geist zwischen meinen Schülern und mir.

Der Geigenkünstler

Psychologen haben herausgefunden, dass frühe Kindheits und Jugenderlebnisse unser Denken und Handeln im ganzen Leben prägend beeinflussen.

Der beste Freund meiner Jugendzeit hiess Ernst Philippson, der Sohn der einzigen jüdischen Familie in Feldberg. Sein Vater war dort ein angesehener Textilkaufmann. Wir Jungen blieben unzertrennliche Freunde, bis meine Eltern nach Neubrandenburg zogen und wir uns um 1922 aus den Augen verloren.

Dies Erlebnis hat vermutlich in der folgenden Begebenheit in meinem Unterbewusstsein eine Rolle gespielt.

Ich war Rektor der Knabenbürgerschule in Neubrandenburg geworden.

Eines Tages klopfte es an die Tür meines Dienstzimmers.

"Herein!"

Da trat eine hochgewachsene Frau mit dunkler Haartracht und einem ausnehmend hübschen Gesicht durch die Tür. Ich erkannte sie vom Ansehen her. Es handelte sich um die Frau des Pferdehändlers Krasemann. Die Familie gehörte zur jüdischen Gemeinde der Stadt.

"Guten Tag, Frau Krasemann! Treten Sie bitte näher. Nehmen Sie Platz!"

"Sie kennen mich?" fragte sie ganz erstaunt.

"Ja, sicher. Als ich noch studierte, wohnten meine Eltern in Ihrer Strasse. - Was führt Sie zu mir?"

"Ich wende mich in grosser Sorge an Sie als den Rektor meines Sohnes. Wir Juden haben es schwer, in diesem Deutschland zu leben. Als Erwachsene müssen wir uns damit abfinden und es zu ertragen versuchen. Wenn wir auch niemand ein Leid zugefügt haben, ziehen sich doch unter dem politischen Druck viele alte Bekannte und Geschäftsfreunde zurück. Bisher liess man unsere Kinder in Ruhe. Aber das scheint sich auch zu ändern. Ich möchte, wenn es möglich ist, Sie um Rat und Hilfe bitten."

"Ich will es versuchen. In welcher Klasse ist Ihr Sohn? Bei meinen über tausend Schülern kann ich das natürlich nicht genau wissen."

"Er ist in der Klasse 4a. Bislang war auch nichts los. Aber in letzter Zeit wird er von Mitschülern und leider auch von seinem Klassenlehrer wegen seiner Abstammung gehänselt. Er mag gar nicht mehr zur Schule gehen."

"Ich überlege", sagte ich. "Ist er nicht der Junge, der so hervorragend Geige spielen kann?"

"Ja, er ist ein kleiner Künstler", rief sie in wahrem Mutterstolz.

"Was Sie mir da erzählen, befremdet mich sehr, liebe Frau Krasemann", fuhr ich fort. "Ich habe eigentlich ein gutes Lehrerkollegium, dem ich solche Entgleisungen schwerlich zutraue."

"Glauben Sie mir nicht?" fragte die Besucherin.

"Mit Glauben hat es nichts zu tun", entgegnete ich. "Wenn Sie sich über einen meiner Lehrer beklagen, muss ich es zur Kenntnis nehmen. Wie heisst er?"

"Es ist Herr Wortmann."

"Ja, er ist ein junger Lehrer, dem womöglich noch eine gewisse Lebenserfahrung fehlt. Ich werde gleich Ihren Sohn durch den Hausmeister rufen lassen."

Es dauerte nur eine kurze Zeit, bis der Junge anklopfte, während ich mir seine Karteikarte ansah.

Er trat unsicher ein, sah erst seine Mutter an und dann mich.

"Setz dich, Joel!"

Er war ein wohlerzogener Junge. Das merkte man an seinem ganzen Gebaren. Seine blondgelockten Haare umrahmten ein frisches offenes Gesicht. Er hatte eine hohe Stirn mit leuchtenden Augen.

"Ich weiss, dass Du einer der besten Schüler deiner Klasse bist" begann ich. "Du hast in Musik sogar eine 'Eins'. Hast du eine so schöne Stimme?"

Er schüttelte den Kopf. "Singen kann ich auch nicht viel besser als andere, aber ich spiele gut Geige."

Er war ja der frühreife Junge, der mit seinem Geigenspiel die Menschen zu Tränen rühren konnte. Auf einem Elternabend hatte ich es erlebt. Er liess seine Geige jubeln und schluchzen, dass es den Hörern rieselnd über den Rücken lief. Der Beifall wollte kein Ende nehmen. Ja, er war das musikalische Genie unserer Schule.

"Und du magst gar nicht mehr gern zur Schule gehen?"

Da schossen ihm die Tränen aus den Augen.

Weinend sagte er: "Einige meiner Klassenkameraden beschimpfen mich."

"Seit wann?"

"In letzter Zeit, ungefähr seit drei Wochen."

"Was sagen sie denn?"

"Judek, Judek" presste er heraus.

35

"Ärgerst du sie vielleicht?" fragte ich.

"Nein, bestimmt nicht. - Erst als mein Klassenlehrer gesagt hatte:

'Schweig still, kleiner Judenbengel' begann es."

Er schüttelte sich vor Schluchzen.

"So, Joel", sagte ich, "beruhige Dich wieder. Ich werde die Angelegenheit klarstellen. Nun geh wieder in Deine Klasse zurück."

Glücklicherweise hatte er in dieser Stunde bei Fräulein Liedtke Unterricht.

"Frau Krasemann", sagte ich nach kurzer Überlegung, "ich danke Ihnen, dass Sie zu mir gekommen sind. Ich werde mein Möglichstes tun. Selbstverständlich muss ich auch Herrn Wortmann erst hören."

Frau Krasemann verabschiedete sich freundlich. Die Sache war schnell erledigt. Herr Wortmann versprach, sich im Unterricht zurückzuhalten.

Da ich mehrere vierte Parallelklassen hatte, konnte ich Joel in Fräulein Liedtkes Klasse unterbringen.

Nach zwei Jahren ereignete sich folgendes:

Eines Nachmittags besuchten mich ganz überraschend Frau Krasemann und Joel in meinem Dienstzimmer. Der Junge hatte seinen Geigenkasten unter dem Arm. Ich fragte ihn, ob er vom Musikunterricht komme.

"Nein", sagte er, "ich möchte Ihnen etwas vorspielen."

"Das ist aber schön. Dann packe man aus!"

Während er sich zurechtmachte, sagte Frau Krasemann:

"Wir wollen fortgehen, darum will Joel Ihnen zum Abschied ein Geigensolo von Mozart vorspielen."

"Wohin soll's denn gehen?" fragte ich.

"Wenn wir durchkommen über die Schweiz nach Amerika."

"Frau Krasemann, das darf ich gar nicht wissen."

"Ich konnte Ihnen nichts vorlügen", sagte sie. "Wir haben grosses Vertrauen zu Ihnen. Sie werden uns nicht verraten. Ich bitte Sie inständig darum."

"Sie sind doch sicher gekommen, um Ihren Sohn abzumelden?"

"Ja!"

"Leider muss ich Ihnen eröffnen, dass seit heute morgen ein Erlass vorliegt, jüdischen Kindern weder Abmeldepapiere noch Zeugnisse auszustellen."

Die Frau wurde ganz blass und ihre Hände zitterten. Ihre Stimme bebte vor innerer Empörung: "Damit will man uns doch nur die Ausreise unmöglich machen. Wir sind hier ja keine Menschen mehr, obwohl mein Vater 1917 als Offizier für Deutschland gefallen ist."

"Frau Krasemann", sagte ich, "ich muss Sie sehr bitten, sich mir gegenüber zurückzuhalten."

Da brach die Frau in Tränen aus und entschuldigte sich tausendmal für ihre Entgleisung.

"Nun habe ich alles verdorben. - - Darf Joel Ihnen jetzt sein Stück vorspielen?"

Ich nickte zustimmend.

Da begann er die Saiten zu streichen. Er spielte Mozarts "Kleine Nachtmusik" auswendig. Es war einfach prächtig. Ja, das stand fest, er würde einmal ein grosser Künstler werden.

Dem musst du helfen, ging es mir durch den Kopf. Du schreibst einfach die Abmeldung mit einem Datum vor der Veröffentlichung dieses Erlasses.

Frau Krasemann und ich hörten den wundersamen Klängen zu. Sie sass mit sorgenvollem Gesicht da. In mir kämpften Pflicht und Gewissen.

Joel setzte den Bogen ab. Er spürte auch, worum es ging. Das Lächeln war aus seinem Gesicht gewichen.

"Joel, ich danke dir", sagte ich und drückte ihm lange die Hand. "Du hast mir eine grosse Freude gemacht."

Er nickte ernst. Aus seinen Augen rollten dicke Tränen.

"Herr Rektor", begann nun Frau Krasemann wieder. "Vergessen Sie bitte meinen Verzweiflungsausbruch. Ich weiss, dass ich Ihnen eine schwere Bürde zumute, aber helfen Sie uns, vor allem meinem Sohn, damit er noch eine Zukunft hat."

"Gut, Frau Krasemann, ich will es wagen."

Der Dank, der aus ihren Augen hervorbrach, ist nicht zu beschreiben. Mir werden diese leuchtenden Augen unvergesslich bleiben.

"Ich mache Ihnen die Abmeldung fertig und werde sie drei Tage vordatieren. Da konnte ich von dem Erlass noch nichts wissen. Frau Krasemann, Vertrauen gegen Vertrauen!"

Die Formalitäten waren schnell erledigt.

Als die beiden sich verabschiedeten, gab Frau Krasemann mir eine Karte, auf der die Anschrift in den USA stand.

"Sollte es Ihnen jemals schlecht gehen, schreiben Sie uns. Wir werden alles tun, um Ihnen zu helfen."

Diese Adresse legte ich in meine Schreibtischschublade.

Die Zeit, Krieg und Flucht sind inzwischen darüber hinweggegangen.

Ich hätte 1945 sehr viel darum gegeben, wenn ich diese Anschrift noch besessen hätte.

Der Rechenmeister

Der Knabenbürgerschule war neben einem Realschulzug auch eine dreiklassige Hilfsschule angeschlossen. Dem sehr tüchtigen Hilfsschullehrer Rahn übertrug ich die Leitung derselben, weil er die fachgerechten Kenntnisse dieser Schulform hatte. Meine Absicht war, diese Klassen zum geeigneten Zeitpunkt in eine eigenständige Pestalozzischule umzuwandeln.

Als der Kollege Rahn zu einer Kur beurlaubt wurde, übernahm auch ich in der 3. Klasse einige Stunden seiner Vertretung. Ich wollte mir so einen genauen Einblick verschaffen, was diese Kinder schulisch zu leisten vermögen.

So übel war das im übrigen gar nicht. Die meisten hatten ein gutes Gedächtnis und konnten Gedichte, Lieder, Sprichwörter und die Zehn Gebote ohne Erklärung einwandfrei aufsagen. Mangelhafte Leistungen hatten sie im Deutschunterricht, besonders im Diktatschreiben und Lesen, im Rechnen und in Physik. In praktischen Dingen waren sie dagegen sehr aufgeschlossen. In dieser Klasse fiel mir ein Junge besonders auf. Er hiess Herbert Kähler, war 13 Jahre alt und hatte einen blonden krausen Haarschopf. Er war ein gehbehindertes Kind. Ein Hüftfehler zwang ihn zum Hinken. Wenn er sich einmal schneller bewegen wollte, sprang und hüpfte er mehr, als er gehen konnte. Im ganzen war er ein lieber und anhänglicher Junge, in dem kein Falsch war.

Richtige Wortvorstellungen hatte er nicht, so dass seine Diktate von Fehlern wimmelten. Seine Lesefertigkeit liess auch sehr zu wünschen übrig. Es dauerte meistens recht lange, bis er die Buchstaben zusammenfügen konnte. Daher auch seine Mängel in der Rechtschreibung.

Im Schulgarten oder im Werkunterricht übertraf er sich selbst. Alles, was er anfasste, hatte Hand und Fuss. Und wenn ich seine Leistungen lobte, strahlte er vor Freude. Dann kam die erste Rechenstunde, wo ich auch nicht viel zu erwarten glaubte. Aber, o Wunder, hier hatte ich mich gründlich getäuscht. Er konnte zwar grosse Zahlen nicht gut schreiben, aber umgehen konnte er mit ihnen. Das kleine Einmaleins beherrschte er wie kein anderer. Sicher löste er jede Aufgabe.

"Herr Röpke" rief Dirk, "er kann noch viel mehr. Er kann auch das grosse Einmaleins. Er ist ein Rechenkünstler!"

"Das ist ja fein" sagte ich, "dass Ihr einen solchen Könner unter euch habt. Aber zum Rechenkünstler, glaube ich, gehört mehr. Na, wir wollen es mal versuchen, mein lieber Herbert."

Der sass angespannt auf seinem Platz und strahlte mich erwartungsvoll an.

"3 mal 13"
"39", rief er.
"7 mal 17"
"119" kam sofort die Lösung.
"5 mal 125"
"625" war die prompte Antwort.
Donnerwetter, dachte ich. Dem musst du noch steifer

kommen.

"So, lieber Herbert, jetzt kommt eine ganz schwere Aufgabe. Wieviel ist "15 mal 350 ?"

Ich hatte die Aufgabe kaum ausgesprochen, da war die Antwort schon da: "5250!" jubelte er. - "Richtig!"

"Kannst du auch zusammenzählen?" Er nickte freudig mit dem Kopf. "Wieviel ist 575 plus 575 ?"

"1'150!" kam es wie aus der Pistole geschossen.

"Wieviel ist 12'249 plus 14'101?"

"26'350" sagte er nach kurzem Augenblick triumphierend. Ich hatte das Ergebnis nicht schneller heraus.

Seine Klassenkameraden gönnten ihm neidlos dieses Lob.

Dann kam der Krieg.

Als ich vor dem Frankreichfeldzug auf Urlaub war, kam von der anderen Strassenseite ein Junge über die Strasse gehumpelt. "Herr Röpke, Herr Röpke" rief er schon von weitem. Das war mein Rechenkünstler Herbert Kähler.

Wir begrüssten uns freundlich. Als wir uns verabschiedeten, fragte ich ihn: "Kannst du noch so gut rechnen?"

"Noch besser", sagte er stolz.

"Was willst du mal werden, mein lieber Herbert?"

"Rechenkünstler im Zirkus!" sagte er ernst.

"Ich wünsche dir viel Glück!"

"Danke, kommen Sie gesund aus dem Krieg zurück."

Ich habe ihn nie mehr wiedergesehen.

Chemie war sein Hobby

Im Mai 1938 erkrankte unser Chemielehrer. Eine Vertretungskraft für ihn war mitten im Schuljahr nicht zu erhalten, und im eigenen Kollegium sah sich niemand in der Lage, diesen Unterricht in den beiden letzten Realschulklassen zu erteilen. Was war da zu machen? Wir einigten uns schliesslich darauf, dass jeder Klassenlehrer die Vertretung von zwei Chemiestunden in der eigenen Klasse übernahm. Im schlimmsten Fall konnte er auch anderen Unterricht in diese Stunden legen. Ich war Klassenlehrer der 10. Klasse und musste auch in den sauren Apfel beissen. Du kannst ja zwei Deutschstunden daraus machen, sagte ich mir. Denn von Chemie hatte ich wenig Ahnung und wollte mich deswegen nicht vor meinen Mädchen und Jungen blamieren. So eröffnete ich ihnen frei und ehrlich die Sachlage. Doch die Jungen vor allem waren gar nicht damit einverstanden, sie hielten Chemie eben für wichtiger als Deutsch.

"Herr Röpke, dürfen wir Ihnen einen Vorschlag machen?"

"Ja, bitte und der wäre?"

"Könnte Günther Witt nicht den Chemieunterricht übernehmen? Er ist uns allen bei weitem überlegen und weiss gut und gern soviel wie Herr Winter. Es müsste doch gehen, wenn Sie unsere Arbeit überwachen."

"Den Vorschlag finde ich gut, Jungens. Ich bin einverstanden. Wie ist das, Günther, willst du Chemielehrer spielen?"

"Gern, wenn ich darf."

"Woher hast du denn die enormen Kenntnisse?"

Wenn er sich bislang bescheiden zurückgehalten hatte, so kam er jetzt aus sich heraus.

"Chemie ist mein Hobby. In meiner Freizeit und oft bis spät in die Nacht lese ich Bücher und Schriften darüber. Wenn ich hier meinen Abschluss habe, will ich zum Gymnasium und das Abitur bestehen. Denn ich möchte unter allen Umständen Chemie studieren."

Alle lauschten gespannt seinen Ausführungen.

"Das ist gut", sagte ich. "Aber kehren wir mal zu unserem Vorhaben zurück. Ich schlage folgendes vor: du suchst dir zwei Helfer aus, einen Jungen und ein Mädchen, die dir bei der Vorbereitung der Experimente zur Hand gehen. Dienstags und freitags ist Chemie, also treffen wir uns jeweils am Vortag um 17.00 Uhr hier in der Fachklasse, um den Ablauf der Stunde vorzubereiten."

"Kommen Sie auch?" wollte jemand wissen.

"Ich habe gesagt, wir treffen uns hier. Ist das nicht klar ausgedrückt? Im übrigen sollen wegen der Haftpflichtbestimmungen Schüler nicht allein experimentieren. Günther, du hast in dieser Sache mein volles Vertrauen, weil ich weiss, dass du zuverlässig und umsichtig bist. Ich gebe dir einen Klassenschlüssel und den Schlüssel zu den Schränken, dann kannst du die Geräte schon bereitstellen, wenn ich mich einmal um einige Minuten verspäten sollte. Den Schlüssel zum Giftschrank kann ich dir aus verständlichen Gründen nicht überlassen. Sollten wir davon etwas gebrauchen, so bin ich ja da."

Günther kam nun mit hochrotem Kopf aus der hintersten Tischreihe nach vorn, um die Schlüssel als sichtbares Zeichen meines Vertrauens in die Hand zu nehmen. "Ich werde meine Aufgabe gewissenhaft erfüllen" sagte er, "und ich danke Ihnen auch."

Die Jungen und Mädchen trommelten in studentenhafter Weise ihren Beifall zu dieser Zeremonie.

Und es klappte von Anfang an wunderbar. Er arbeitete wie ein "Professor in der Westentasche" mit seinen Klassenkameraden. Sie nahmen ihn ernst, immer wieder sichtlich erstaunt über sein grosses Können und Wissen.

Und ich war stolz auf diesen tüchtigen Jungen!

Aber dann passierte es.

An einem sonnigen Junitag musste ich zu einer dienstlichen Rücksprache zum Bürgermeister. Ich hatte die Klasse in Stillarbeit beschäftigt. Da konnte getrost jemand über den Flur gehen, er wurde nicht gewahr, dass kein Lehrer in der Klasse war. Meine Schüler waren daran gewöhnt, still und leise zu arbeiten. Sie wussten, dass ich nichts weniger ertragen konnte als undiszipliniertes Verhalten und verhielten sich dementsprechend. So machte ich mir auch an diesem Tag keinerlei Sorge über meine Klasse.

Ich hatte vom Bürgermeister eine ansehnliche Sondersumme für den Ausbau der Schülerbücherei erhalten und war so recht von Herzen froh, als ich ins Schulhaus zurückkehrte. Ich musste auf dem Weg zu meinem Dienstzimmer an meiner Klasse vorbei. Erst wollte ich einen Blick hineintun, unterliess es aber, weil es dort mäuschenstill war. Als ich mein Zimmer aufschliessen wollte, öffnete sich hinter mir die Tür des Lehrerzimmers, und der Kollege Röper stand dort, blass und am ganzen Leibe zitternd, als habe er soeben einen gewaltigen Schock durchlitten.

"Ich bin aufs Tiefste empört", begann er. "Komm bitte mit mir in meine Klasse. Es ist einfach furchtbar, was da geschehen ist."

"Was ist denn passiert?"

"Sieh erst selbst, dann werde ich berichten", sagte er. Seine Klasse lag im Schulhaus II, jenseits des Schulhofes. Auf dem Flur standen einige Kollegen, die vermutlich den Vorfall erörterten, nun aber schwiegen, als sie uns sahen. Röper ging vor mir. Als er an den Kollegen vorüber war, grinsten sie mit vergnüglichen Gesichtern, was mich schon etwas beruhigte.

Die Klasse war leer, die Kinder hatte er nach Hause geschickt. "Sieh Dir das an!" sagte er mit heiserer Stimme. "Ich sehe", erwiderte ich, "die Scheiben des ersten Fensters sind entzwei."

"Ja, genau neben meinem Pult. Der Anschlag galt auch weiter niemand als meiner Person."

"Ein Anschlag? Das gibt es doch nicht! Die Scheiben sind eingeworfen."

"Eingeworfen?" rief er. "Die Jungen haben eine Bombe zur Explosion gebracht. Davon sind die Fenster zersprungen.

Ich dachte, mich trifft der Schlag, und die Kinder, man denke ein erstes Schuljahr, schrien vor Schreck und weinten, dass sie kaum zu beruhigen waren. Ich habe sie sofort nach Hause geschickt. Und jetzt verlange ich die unnachsichtige Bestrafung der Täter."

"So, lieber Kollege Röper, nun mal hübsch der Reihe nach. Ich begreife die Zusammenhänge noch nicht. Die Fensterscheiben sind zertrümmert, das sehe ich. Aber das mit der Bombe klingt mir reichlich übertrieben. Und wer soll das getan haben?"

"Einige Jungen der 10. Klasse, jawohl, deiner Klasse!"

"Hast du sie gesehen? Das konntest du wohl nicht von hier

oben?"

"Nein, ich nicht, aber der Hausmeister."

"Wieso meinst du, diese Sache hätte dir gegolten? Das war doch sicher ein Zufall, dass gerade dies Fenster in Trümmer ging?"

"Wenn du es genau wissen möchtest, ein Junge hat im Weglaufen gerufen: 'So, Röper, nun wirst du wohl genug haben.'"

"Das ist ja allerhand", sagte ich, "ich werde die Sache untersuchen." Damit ging ich weg.

"Und die Lausebengels bestrafen!" rief er mir nach.

Wenn das alles stimmte, sollte die Klasse 10 was erleben! Aber erstmal ruhig bleiben, nichts überstürzen, ging es mir durch den Kopf. In kürzester Frist würde ich Klarheit haben. Als ich den Flur des Hauptgebäudes entlang kam, standen drei Jungen vor der Klassentür. Ich sah sie schon von weitem und dachte, da sind ja die Sünder.

Ich ging an ihnen vorbei, ohne sie eines Blickes zu würdigen. Sie kamen mir nach. "Herr Röpke, Herr Rektor, wir möchten ....."

"Kommt in mein Zimmer!" schnitt ich ihnen das Wort ab.

"Was wünscht Ihr?" fragte ich, indem ich Platz nahm. Da standen sie und schauten zu Boden, der lange Günther Witt, der blasse Heinz Riemer und der kleine, runde Fritz Micheel.

"Na, nun heraus mit der Sprache!"

Günther sagte: "Wir möchten uns entschuldigen. Sie haben sicher schon gehört ...."

"Was ich gehört habe, ist einfach ein Skandal! Ausgerechnet meine Klasse 10 muss mir das antun! Von dir hätte ich das am wenigsten vermutet, Günther Witt!"

Wie begossene Pudel standen sie da. Heinz Riemer brach als Erster das peinliche Schweigen: "Herr Röpke, Günther trifft am wenigsten Schuld. Die Anstifter waren Fritz und ich und alle Jungen der 10. Klasse. Wir haben Günther einfach dazu überredet." "Das stimmt" pflichtete Fritz Michael ihm bei.

"Quatsch", bemerkte Günther dazu. "Ich habe genau die

gleiche Schuld, vielleicht sogar mehr. Denn ich hätte das Schwarzpulver nicht herausnehmen sollen."

"Woher hattest du denn den Schlüssel?"

"Den hatten Sie versehentlich stecken lassen."

"So, jetzt setzt Euch mal hier an den runden Tisch und erzählt mir den Vorgang ganz genau. Ich möchte wissen, was ihr gemacht habt und welches die Gründe dafür waren."

Günther begann: "Ich sage das nicht gern, aber jetzt muss ich es tun. Seit langem hat Herr Röper einen Piek auf uns. Er schikaniert uns, wo er nur kann. Immer, wenn er Aufsicht hat, legt er sich mit uns an. Wir sind alle grösser als er und vielleicht ärgert ihn das. Wenn er bei uns Unterricht hätte, wäre das vielleicht anders, aber so haben wir gar kein Verhältnis zu ihm. Zuerst haben wir darüber gelacht, wenn er uns wegen mancherlei Kleinigkeiten Strafarbeiten aufbrummte. Doch dann begannen wir über ihn zu sticheln, wenn er an uns vorbeiging. "Warum lachst du?" empörte er sich, "schreibe zu morgen 50 mal auf: Ich soll über einen Lehrer nicht lachen!" "Ich habe ja gar nicht über Sie gelacht." "Frech wirst Du auch noch! Hundert mal, bis morgen!"

So geht das nun schon einige Wochen lang. Gestern standen wir in der Pause am Giebel des Schulhauses II beisammen. Er fragte uns, weshalb wir uns hier zusammenrotteten. Wir wollten wohl wieder über ihn etwas aushecken. Da sagte Fritz Micheel: "Bilden Sie sich doch bloss nichts ein! Wir haben Sie überhaupt nicht auf Rechnung. Dazu sind Sie uns viel zu klein, zu wenig." Alle jubelten los. Gewiss war es frech und ungehörig, aber Herr Röper forderte das geradezu heraus. Darauf hat er uns mit einer furchtbaren schriftlichen Strafarbeit eingedeckt, seitenlanges Abschreiben aus dem Lesebuch.

Wir verabredeten, dass keiner schreiben sollte und fassten den Plan, ihm heute morgen einen Schreck einzujagen. Deshalb haben wir in eine eiserne Hülse Schwarzpulver und etwas Dynamit gestopft. Das sollte unter seinem Fenster explodieren. Wir hatten nicht bedacht, dass der hohe Bretterzaun und die Turnhallenwand den Druck nicht entweichen liessen und so kam es, dass die Fensterscheiben sprangen. Das wollten wir nicht. Es war ein furchtbarer Knall!"

"Da hättet Ihr Euch doch verletzen können!" rief ich.

"Wir hatten uns hinter die Schulecke gestellt. Walter Pfeifer hatte die Lunte mitgebracht."

"Und wer hat gerufen: 'So, Röper, nun wirst du wohl genug haben?'" fragte ich.

"Ich", sagte Fritz Micheel. "Die beiden andern liefen schon weg. Da guckte ich noch schnell einmal um die Ecke, sah das kaputte Fenster und rief das."

Mit roten Köpfen und gesenkten Augen sassen meine drei "Helden" da. Mir war klar, dass mein Kollege die Klasse unnötig provoziert hatte, was dann zu solchen Reaktionen führte. Aber ungehörig war ihr Tun und durfte nicht ungestraft durchgehen.

Ich forderte die Drei auf, in ihre Klasse zu gehen. Die Stunde hatte gerade wieder angefangen. Das weitere wollte ich vor der ganzen Klasse erledigen. "Kollege Bartheld, lassen Sie mich bitte mit der Klasse allein. Ich habe ein Hühnchen mit den Knaben zu rupfen."

Als der Kollege draussen war, sagte ich: "Ich wende mich an die Jungen, die Mädchen sind nicht betroffen. Ihr wisst alle, um was es sich handelt. Meiner Meinung nach könnt ihr über diesen Hansbunkenstreich nicht sehr stolz sein, auch wenn ein Teil eurer jüngeren Mitschüler sich darüber freut und manche Erwachsene ihr helles Vergnügen darüber empfinden. Die meisten aber wird es mit Abscheu erfüllen. Mich empört es über die Massen, weil der gute Ruf unserer Schule in Misskredit gebracht ist. Wenn ihr mit Herrn Röpers Massnahmen nicht einverstanden wart, hättet ihr zu mir kommen können. Dann wäre die Angelegenheit geregelt worden. Ihr aber habt zur Selbsthilfe gegriffen, habt euch gegen einen Lehrer aufgelehnt, der euch gegenüber vielleicht nicht den rechten Ton fand, darüber hinaus aber ein in vielen Jahrzehnten fleissiger und treuer Jugenderzieher ist. Selbst euch hat er in den ersten Jahren eurer Schulzeit das elementare Können in Lesen, Rechnen und Schreiben beigebracht. Wer ein Urteil über einen Menschen abgeben will, muss alle Seiten seines Wesens berücksichtigen und nicht eine vermeintliche Fehlhandlung für das Ganze und Ausschlaggebende halten. Daraus wird klar, dass euer Verhalten verwerflich ist. Der eine fragt, was kommt danach, der andere ist es recht, und also unterscheidet sich der Freie von dem Knecht.

Bei Anlegung eines strengen Massstabes müssten die drei Hauptübeltäter, weil sie ihre Schulpflicht bereits beendet haben, aus der Schule verwiesen werden. Aber in Anbetracht dessen, dass ich den Schlüssel stecken liess, dass alles verhältnismässig glimpflich ausging und Ihr euch sonst bis zum heutigen Tage gut verhalten habt, soll von solch harten Massnahmen abgesehen werden. Ich verhänge folgende Strafen über euch: Günther Witt wird als Klassensprecher abgesetzt, dieses Amt übernimmt Inge Fellenberg. Ausserdem lieferst du sofort den Schlüssel des Physikraumes und die Schlüssel der Lehrmittelschränke ab. Ich entziehe dir hiermit alles Vertrauen. Die Jungen finden sich in den nächsten drei Wochen jeden Nachmittag für zwei Stunden Sonderarbeit ein, damit sie erfahren, dass Lernen und Arbeiten besser ist als dumme Streiche zu treiben. Euch soll der Kopf rauchen!"

Nach dieser Standpauke verliess ich die Klasse und bat den Kollegen Röper zu mir. Er war mit meinen Massnahmen einverstanden und wollte von sich aus alles tun, die Spannungen zur Klasse 10 abzubauen. Am nächsten Tag berichtete er mir, dass die Jungen sich bei ihm entschuldigt hätten.

Nach den grossen Ferien kam Günther Witt zu mir in mein Dienstzimmer. Der Chemielehrer war immer noch krank. "Herr Röpke, ich bitte Sie, mir die Sache von damals zu verzeihen und mir Ihr Vertrauen wieder zu schenken. Ich verspreche Ihnen hoch und heilig, es niemals wieder zu missbrauchen."

"Die Bitte ist dir gewährt, Günther." - "Danke!"

"Sag den Jungen deiner Klasse, ab heute ist wieder alles okay. Klassensprecherin bleibt aber Inge. Und hier sind die Schlüssel. Ich weiss, dass sie von jetzt ab in guten Händen

sind."
Glücklich lief er hinaus.

Vogel Strauss

Der Novembernebel lag schwer über Stadt und Land. Gegen Abend konnten die Augen kaum fünfzig Meter weit diesen Dunst durchdringen. Gegenstände und Menschen erschienen in ihm wie geisterhafte Schemen, die sich erst zur Wirklichkeit formten, wenn man nahe genug herankam.

Ich ging über den Wall nach Hause. Gespenstisch ragte die mittelalterliche Stadtmauer links neben mir auf. Von den alten Eichen tropfte es klingend in den tiefen Wallgraben. Mir schien, als sei ich mutterseelenallein unterwegs. Niemand war mir begegnet.

Dort, wo die Neutorstrasse die Festungsanlage durchschneidet, liegt das Schützenhaus, das bei diesem Wetter mehr zu ahnen als sichtbar war.

Doch jetzt bewegte sich von dort hinten her ein Schatten. Ich sah, dass es zwei Menschen waren, die mir engumschlungen entgegenkamen, ein langaufgeschossener Jüngling und ein pummeliges Fräulein, dessen Kopf knapp an seine Schulter reichte. Als ihre Umrisse etwas deutlicher wurden, fiel mir der lange graue Mantel des jungen Mannes auf, der mit silbernen Knöpfen besetzt war. Kannte ich diesen Mantel nicht? Trug nicht Günther Witt aus der 10. Klasse ein solches Kleidungsstück? Ich strengte meine Augen an. Wenn er es war, konnte da neben ihm nur Lucie Keilhauer sein. Die beiden waren so sehr mit sich beschäftigt, dass sie alles um sich vergessen hatten. Der Zauber der ersten innigen Zuneigung hielt sie gefangen. Ach, hätte ich mich unsichtbar machen können?!

Vor fünfzig Jahren boten die jungen Leute ihre Liebe nicht öffentlich feil. Wie ein Schatz wurde dies Geheimnis, das

Dritte nichts anging, gehütet, als ein Reichtum seliger Zweisamkeit empfunden und solange wie möglich bewahrt.

Und nun wollte es das Unglück, dass ihr Lehrer ihnen begegnen musste. Sie mögen wohl noch dreissig Meter vor mir gewesen sein, als Günther mich entdeckte. Ich sah deutlich, wie ihn ein Schreck durchfuhr. Was sollte er tun? Umkehren? Mit seinem Mädchen das Hasenpanier ergreifen? Oder sich aus der Umschlingung lösen und mir "Guten Abend" anbieten? Man konnte aber auch wie der Vogel Strauss den Kopf in den Sand stecken und glauben, er kennt uns vielleicht nicht. So beugte er sich ganz tief zu ihr hinunter, dass ihre Gesichter kaum zu sehen waren, und sie gingen wortlos an mir vorüber. Auch ich sagte natürlich nichts und liess sie in ihrem guten Glauben.

Ich hatte mich so sehr über die Beiden amüsiert, dass ich mir vornahm, sie am nächsten Tag "etwas zu ärgern". In der ersten Stunde klopfte der Hausmeister an die Tür der M 10. "Lucie Keilhauer möchte zum Rektor kommen!" Bald hörte ich flinke Schritte den Flur entlangeilen. Ein kurzes Warten an der Tür, danach ein zaghaftes Klopfen.

"Herein!"

Mit hochrotem Kopf trat sie ein. Ihr Blick flackerte auf und nieder. Zweifellos schlug ihr das Gewissen. Wie aus weiter Ferne hörte ich: "Ich soll mich bei Ihnen melden!"

"Gut, dass Du da bist, Lucie." Sie sah mich unsicher an. "Mir sind hier die Karteikarten durcheinander gefallen. Würdest Du sie bitte neu ordnen?"

"Ja, gern."

Bald war die Arbeit getan. In der zweiten Stunde hatte ich Deutsch in der Klasse. Thema: "Hermann und Dorothea".

An der Aussprache beteiligten sich beide nicht, obwohl sie sonst zu den besten Mitarbeitern gehörten. Günther, der oben rechts in der Ecke sass, hatte seinen Kopf sorgenvoll aufgestützt, und Lucie schaute unentwegt vor sich nieder.

Dritte Stunde. Der Hausmeister: "Lucie, bitte zum Rektor!" Diesmal dauerte es länger, bevor sie anklopfte.

"Ich soll mich melden!" Wie kleinlaut kam es heraus.

"Würdest Du mir mal diese Klassenliste abschreiben? Setz Dich an den runden Tisch! Hier sind Papier und Feder."

Eilig flog die Hand über die Zeilen. Sie hatte eine hübsche Handschrift. Manchmal riskierte sie einen Blick und manchmal seufzte sie tief vor sich hin. Ich spürte, wie sie innerlich voller Spannung war. Ab und zu sprach ich ein ermunterndes Wort mit ihr und lobte sie wegen ihrer korrekten Arbeit. Als sie fertig war, stand sie noch einen Augenblick an der Tür, als bedrücke sie etwas. Aber dann eilte sie doch schnell hinaus.

In der Pause klopfte jemand kräftig an die Tür. Es war Günther Witt.

"Herr Röpke, kann ich Sie bitte sprechen?"

"Was hast du auf dem Herzen?"

"Ich möchte mich und Lucie entschuldigen, dass wir gestern abend grusslos an Ihnen vorbeigegangen sind."

"Seid Ihr das? Ich kann mich nicht erinnern!"

"Warum haben Sie denn Lucie heute vormittag auf die Folter gespannt?"

"Hab ich das?"

"Alle Augenblicke musste sie zu Ihnen kommen, das ist auch allen Schülern der M 10 aufgefallen."

"Mein lieber Günther, du bist doch ein feiner Kerl. Wenn ich wieder einmal bei dickem Nebel über den Wall komme und in der Ferne einen feldgrauen Mantel mit silbernen Knöpfen sehen sollte, dann kehre ich so schnell wie möglich um. Und Lucie sage die alte Weisheit: Wer liebt, muss leiden."

Die anfängliche Trotzhaltung schmolz bei ihm wie eine Schneeflocke auf der warmen Hand.

"Entschuldigen Sie! Danke!" Und draussen war er.

Ostern 1939 bestand er mit vorzüglicher Leistung seine Abschlussprüfung. Als der Krieg ausbrach, meldete er sich, wie viele seiner Kameraden, zur Kriegsmarine. Von einer U-Bootfahrt ist er nicht zurückgekehrt.

Mag sein Tod auch sinnlos sein, wie der vieler Tausender, in meinem Herzen lebt er, solange es schlägt.

In Dithmarschen

Deutschstunde

In dieser Geschichte will ich erzählen, dass meine Schüler, wenn es darauf ankam, auch mir voll zur Seite standen. Für mich war eine Klasse nie eine unpersönliche Anhäufung von Schülerinnen und Schülern, sondern stets eine Schar von Einzelpersönlichkeiten wie in einer Familie.

Zu dieser Klasse hatte ich ein besonders inniges Verhältnis. Ich sehe die Jungen und Mädchen noch heute vor mir und weiss, wo der einzelne sass.

Über dem heutigen Tag lag ein ungewöhnliches Ereignis, denn wir erwarteten den Besuch des Schulrates, der morgens plötzlich in unserer Schule aufgetaucht war. Für Schüler ist es im allgemeinen eine klare Tatsache, dass ein Schulratsbesuch nur ihnen gilt, weil der hohe Herr sich von dem Stand und Wissen ihres Könnens überzeugen will. Auf den Gedanken, dass es auch einmal umgekehrt sein könnte, kommen sie kaum, dass also auch der Lehrer unter die Lupe genommen wird.

Ich hatte mich um die Stelle des Rektors in Wesselburen beworben und musste deshalb eine Inspektion überstehen. Ich kam, wie immer, eine Viertelstunde vor Unterrichtsbeginn zum Dienst.

51

In der Haustür empfing mich unser Schulleiter ganz aufgeregt: "Herr Röpke, sind Sie gut vorbereitet? Der Schulrat ist hier und will zu Ihnen." "Kann er gern", sagte ich. "Ein Schulrat hat mich noch nie erschreckt.

Ich habe solche Tage immer in besonders netter Erinnerung behalten. Wegen meiner Vorbereitung brauchen Sie sich keine Sorgen zu machen. Trotzdem kann es passieren, dass man eine Lektion in den Sand setzt. Na, Kopf und Kragen kostet es ohnehin nicht." "Aber diesmal hängt doch sehr viel davon ab", sagte er. "Es handelt sich um ihre Bewerbung nach Wesselburen." "Habe ich mir gedacht", antwortete ich. "Bevor es klingelt, will ich schnell noch einmal in meine Klasse." So geschah es.

Als ich vor meinen Schülern stand, sagte ich: "Hört mal zu. Heute kommt der Schulrat zu uns. Sein Besuch gilt nicht euch, sondern mir. Er will prüfen, ob ich eine gute Unterrichtsstunde halten kann." "Kriegen Sie dann mehr Geld?" fragte Hanna. "Vielleicht", sagte ich. Was dahintersteckte, durften meine Schüler vorläufig nicht erfahren. "Dann müssen wir uns tüchtig am Riemen reissen", meinte Hans. "Wir wollen uns Mühe geben." "Ich weiss, dass ich mich auf euch verlassen kann. Ihr braucht keine Angst zu haben. Immer frei mit der Sprache heraus!"

Nun klingelte es.

Ich hatte in dieser Klasse eine Deutschstunde zu geben und erwartete den Schulrat mit dem Schulleiter vor der Klassentür.Nach der üblichen kurzen Begrüssung fragte er mich hier draussen: "Was wollen Sie machen?" "Herr Schulrat, wir haben vorgestern "Die Wagenburg" von Friedrich Griese beendet. Heute sollen die Schüler die Charaktereigenschaften der Hauptfigur anhand des Textes erarbeiten, wie sie es als Hausaufgabe vorbereiten sollten."

"Interessant. Dann wollen wir beginnen", sagte er.

Wir betraten die Klasse. Nachdem die beiden Herren Platz genommen hatten, begann der Unterricht. Meine Schüler waren daran gewöhnt, ein Thema zu erörtern, ohne dass ich die Beiträge der einzelnen durch unnötiges Fragen unterbrach. Nur wenn der Redestrom zu ersticken oder eine Abkehr vom Thema drohte, versuchte ich, das Gespräch durch eine Frage oder ein Reizwort neu zu beleben.

Ich sagte: "Meine lieben Mädchen und Jungen, Ihr seht, dass wir heute Besuch haben. Der Schulrat will sich davon überzeugen, wie der Unterricht in dieser Klasse abläuft. Max, du gehst jetzt bitte an die Wandtafel und schreibst das Wichtigste in Stichworten auf! Du weisst ja, wie wir das machen!" Der Junge eilte an die Tafel und wartete auf die Dinge, die da kommen sollten.

Ich begann: "Wir haben vorgestern die Erzählung "Die Wagenburg" beendet. Ihr solltet zu heute die Charaktereigenschaften der Hauptperson erarbeiten." Da gingen die Finger hoch.

"Na, Marie, was möchtest du dazu sagen ?"

"Die Wagenburg ist von Friedrich Griese geschrieben. Er ist ein mecklenburgischer Dichter. - Herr Röpke, sie stammen doch auch aus Mecklenburg?" - Ich nickte.

"Wilhelm, weiter" sagte ich.

"Die Geschichte beginnt während der Franzosenzeit in einem mecklenburgischen Dorf. Als Moskau brannte, musste die Grosse Armee den Rückmarsch antreten. Unter grossen Verlusten kam ein Teil auch durch das südliche Mecklenburg in ein kleines Dorf. Der Held der Geschichte heisst Karl-Johann. Er war Knecht bei einem Bauern und hatte ein Gespann von vier Pferden zu betreuen. Da er sehr zuverlässig war, gab ihm der Bauer zwei Pferde des Gespannes, die charakterlich nicht viel taugten." Max schrieb an die Tafel: Karl-Johann war zuverlässig.

Ingrid Tröster: "Ein Pferd war ein Schläger. Wenn einer sich ihm von hinten näherte, schlug es aus, dass die Funken stoben. Mancher wurde von dem Pferd zunichte geschlagen."

Jochen Klingenberg: "Das andere Pferd war ein Beisser. Wo es nur konnte, biss es den, der zu nahe herankam, in die Schulter."

Heike: "Die Franzosen plünderten auch auf diesem Bauernhof. Sie packten einen grossen Wagen voll mit Pferdefutter, Lebensmitteln, Decken und Bettzeug."

Wolfgang: "Karl-Johann, die Hauptperson unserer Erzählung, kriegte vom Bauern den Befehl, den Wagen zu fahren. Er spannte den Beisser und den Schläger vor."

Monika: "Die Offiziere hatten dem Bauern versprochen, ihm am nächsten Tag das Gespann zurückzuschicken."

Klaus-Peter: "Als sich der Zug in Bewegung setzte, rief Karl-Johann seinem Bauern zu: 'Ich bringe Pferd und Wagen unversehrt zurück!'"

Max schrieb: Sein Versprechen.

Heidemarie: "Aber so schnell konnte er sein Wort nicht einlösen. Die Offiziere dachten gar nicht daran, das schöne Gespann nach Hause zu lassen. Tag für Tag ging es weiter, bis nach Spanien."

Hier schaltete ich mich ein: "Wir wollen nicht unser Thema aus den Augen verlieren und statt dessen die schweren Erlebnisse Karl-Johanns erzählen."

Nun meldete sich Werner Frank: "Er hatte nur den einen Gedanken, wegen der Tiere musste er wieder auf den Hof zurück. Dieser Wille liess ihn alles ertragen. Strapazen, Hunger und Krankheit.

Max schrieb: Er war willensstark.

Rita sagte: "An einer Stelle habe ich gelesen, er wollte wieder in sein Dorf zurück. Er hatte grosse Sehnsucht nach seiner Heimat."

An der Wandtafel erschien das Wort: Heimatliebe.

Ute Möller: "Er entwickelte ungeahnte Kräfte zum Widerstand. Mehrere Fluchtversuche scheiterten. Er sagte trotzdem: 'Wir Drei oder keiner!'"

Max schrieb: Seine Widerstandskraft.

Ulrich Eller: "Während seiner schweren Krankheit wurden seine Pferde von einem Kameraden gepflegt, so dass er sie wiederfand, als er wieder gesund war."

Uwe Jensen: "Im Lazarett lag ein Student, ein Landsmann aus Rostock neben ihm, der das Tun von Karl-Johann nicht begriff. Ich kann es auch nicht begreifen. Es ist doch Wahnsinn, solche Strapazen auf sich zu nehmen für Pferde, die ihm gar nicht gehören."

Ingeborg Sylvester: "Hier auf Seite 131 aber steht: Es war sein Los und Amt, einen Herrn zu haben, ihm zu dienen und Treue zu beweisen. Deswegen konnte er nicht anders handeln."

"Er war treu" schrieb Max an die Tafel.

Rainer Drews: "Ja, Treue war seine besondere Charaktereigenschaft."

Renate Schulz: "Der Dichter hat uns in seiner Erzählung in der Figur des Karl-Johann ein Vorbild vor Augen stellen wollen. Das war keine Unterwürfigkeit, kein Knechtverhalten. Für ihn waren die Pferde auch sein Eigentum, obgleich sie seinem Bauern gehörten."

Hier warf Hanna ein: "Wir behandeln doch alles in unserer Klasse auch so, als ob es uns gehört."

Die Klingel ertönte. Die Stunde war zu Ende.

Nun sagte ich: "Ihr habt gut gearbeitet. Ihr habt den Kern der Erzählung richtig erkannt. Eure schriftliche Hausarbeit heisst: - Die Charaktereigenschaften des Karl-Johann. - Ich möchte diese Stunde mit einem Wort Friedrich Grieses zusammenfassen, das in dieser Geschichte steht: "Der Mensch arbeitet, das ist einfach genug, aber alles andere wird ihm zugeteilt, und da beginnt das Wunder des täglichen Lebens."

Als sich der Schulrat von mir verabschiedete, sagte er: "Die Stunde hat mir gefallen. Ich habe mich darüber gefreut, weil es ein echtes Gespräch war. Hier wurde von Tatsachen geredet, die die Schüler kennen. Leider kriege ich oft Schlimmes zu hören, weil über Dinge diskutiert wird, von denen im Grunde niemand etwas versteht. - Machen Sie so weiter."

Nach drei Monaten wurde ich in Wesselburen zum Rektor gewählt.

Ich bin davon überzeugt, dass ich das vor allem diesen Mädchen und Jungen zu verdanken habe, die mir halfen, eine gute Unterrichtsstunde vorzuführen.

Meinungsfreiheit

Lehrer Abshagen legte mir ein Aufsatzblatt auf den Tisch. Dabei blickte er mich an wie ein Kettenhund.

"Sieh Dir das an!" rief er empört. "Das ist doch eine Unverschämtheit! Gibt doch der Bengel ein fast leeres Blatt ab."

"Laß sehen", sagte ich.

Oben links stand der Name des Schülers Marc Brehm, rechts war das Datum notiert, in der Mitte des Blattes das Thema: "Begründe, dass Bert Brecht zu den Dichtern des realen Realismus gehört."

Nun kam die Ausführung, die allerdings verblüffend kurz war. Er hatte geschrieben: "Darüber kann ich nichts aussagen. Ich lese Brecht grundsätzlich nicht, will mich auch nicht mit ihm auseinandersetzen. Ich lehne ihn ab."

Als Zensur war eine "6" darunter gesetzt.

Ich lehnte mich in meinen Stuhl zurück und sah Abshagen schmunzelnd an. "Darüber würde ich mich überhaupt nicht aufregen", sagte ich ruhig. "Er hat seine Meinung über Brecht klar ausgesprochen. Nur die Form der Darstellung ist zu beanstanden. Dafür hat er ja auch die "6" gekriegt."

Ich sehe das anders", warf er ein, "wasch dem Bengel mal gehörig den Kopf. Solche Dickfälligkeit ist empörend."

"Er hat doch nur vom Recht der Meinungsfreiheit Gebrauch gemacht. Das sollte wohl straffrei sein", sagte ich. "Ausserdem hast du seinen Stil gebührend zensiert. Die "6" dürfte ausreichen."

Darauf sagte Abshagen: "Als ich ihm die Arbeit zurückgab, hat er mich höhnisch angelacht. Darum beantrage ich, dass er eine dicke Rüge wegen ungebührlichen Verhaltens erhält."

"Ich werde mir den Jungen vornehmen."

Damit war die Unterredung abgeschlossen.

Am nächsten Tag sass Marc Brehm in der grossen Pause in meinem Dienstzimmer. Er ist ein grosser, hagerer Typ. Obgleich er mit viel Eifer Sport treibt, ist er doch eher ein Grübler und Denker. Sein bestes Hobby ist das Schachspiel. Beim Fernschach hat er schon beachtliche Erfolge eingeheimst. Sein Denkvermögen zeugt von grosser geistiger Reife. Seine schulischen Leistungen sind im Durchschnitt gut, in Geschichte hat er eine glatte Eins.

"Ich weiss nicht, warum Herr Abshagen sich aufregt?"

"Hast du ihn denn gereizt?"

"Ich habe ihn zwar höhnisch angelächelt, als er mir mit unverhohlener Schadenfreude meine Arbeit zurückgab. Ich wollte ihn aber nicht aufziehen und mich über ihn lustig machen."

"Warum hast du dich so kurz gefasst?"

"Ich wollte nicht in den Verdacht kommen, als Faschist oder ähnliches eingestuft zu werden, wenn ich Brecht kritisch betrachte. Herr Abshagen würde das auch aus seiner Grundeinstelllung überhaupt nicht begreifen. Er meint immer, dass allein seine Ansichten richtig sind."

"Er fühlt sich aber von dir vor der Klasse verächtlich gemacht."

Marc dachte längere Zeit darüber nach.

"Gut", sagte er, "ich bin bereit, mich bei Herrn Abshagen zu entschuldigen."

In der letzten Stunde dieses Vormittags hatte die Klasse bei ihm Unterricht.

Als der Lehrer Platz genommen hatte, stand Marc Behm auf.

"Herr Abshagen, Sie haben mich wegen des Aufsatzes beim Rektor verklagt. Ich habe ihm beteuert, dass ich Sie nicht kränken wollte. Mein Lachen war reine Verlegenheit. Ich bitte Sie um Entschuldigung!"

Er setzte sich. Der Lehrer gab ihm keine Antwort. Die Klasse murrte. Da stand der Klassensprecher auf.

"Herr Abshagen, Marc hat sich in aller Form redlich entschuldigt. Sie haben sich nicht dazu geäussert. Heisst das, dass Sie seine Entschuldigung ablehnen?"

"So ist das nicht aufzufassen", sagte Abshagen, "ich werde mich nach Rücksprache mit dem Rektor dazu äussern."

Als Abshagen und ich uns am nächsten Morgen trafen,

sagte er: "Du bist mir ja grossartig in den Rücken gefallen. Immer nimmst du die Schüler gegen uns in Schutz. Ich werde das auf der nächsten Konferenz zur Sprache bringen."

Ich antwortete ihm energisch: "Es ist traurig, dass du mit einer solchen Lappalie nicht allein fertig wirst, sondern immer gleich zum Rektor rennst. Übrigens hat der Junge von sich aus gesagt, dass er sich entschuldigen wolle. Ich finde eine solche Haltung schlicht grossartig."

Auf dem Schulflur traf der Lehrer Abshagen mit dem Schüler zusammen.

"Marc Behm, ich nehme deine Entschuldigung an."

Burg Stahleck

Zum Programm jeder Schule gehört die Wanderfahrt. Ihr Wert kann im Hinblick auf Erziehung und Bildung der Jugendlichen gar nicht hoch genug veranschlagt werden, wenn sie gut vorbereitet ist und nach gutem Plan durchgeführt wird. Eine unumstössliche Voraussetzung aber ist, dass die Schüler gelernt haben, sich selber in Zucht zu halten.

Mit einer Klasse, die aus Rüpeln besteht, kann man sich nirgends sehen lassen. Zu einer Fahrtgemeinschaft gehören wie zu jeder wirklichen Gemeinschaft guter Wille des Zusammenlebens, Rücksichtnahme auf den anderen, ein bestimmter Gehorsam, aber auch Gewährenlassen, echte persönliche Freiheit und das Aufeinandersichverlassenkönnen. Ich hatte meine langjährigen Erfahrungen. Ich hütete mich sehr vor der Versuchung, die Jugend zu straff zu halten, aber wusste auch geschickt, die Bremse anzuziehen, wo es nötig war. Denn Jugend neigt immer leicht dazu, über die Stränge zu schlagen. Meine Schüler wussten genau, wie weit sie gehen konnten.

In diesem Sommer ging die Fahrt der 10. Klasse an den Rhein. Lange und gründlich war dazu gespart worden, weil eine zehntägige Busreise doch allerlei kostete. Für unbemittelte Schüler standen besondere Mittel zur Verfügung, die ein umsichtiger Schulleiter zu beschaffen weiss. Niemals blieb ein Schüler zurück, wenn er die Kosten nicht aufbringen konnte. Nur Krankheit wurde als einziger Grund anerkannt, zu Hause zu bleiben.

Für junge Menschen aus dem Norden unseres Vaterlandes, die mit wenigen Ausnahmen nicht über Hamburg hinausgekommen waren, war eine Rheinfahrt ein unerhörtes Erlebnis. Manches Mal hatten sie weit im Westen die Abendsonne im Meer versinken sehen, kannten Ebbe und Flut in ihrem ewigen Wechsel und bangten im Herzen mit den fernen Bewohnern der Halligen, wenn im Rundfunk "Land unter" gemeldet war und der Sturm landeinwärts Dämme zerbarst und Dächer abdeckte.

Jetzt erwartete sie eine ganz andere Landschaft, die weit lieblicher war als ihre Dithmarscher Heimat. Nach langer Anfahrt erhob sich vor ihren staunenden Augen der Teutoburger Wald. Und dann stiegen in der Ferne die rauchenden Schlote des Kohlenpottes auf. Wo war der klare Himmel geblieben? Eine riesige Dunstglocke hüllte alles ein. Weiter nach Westen! Bald tauchten die Türme des Kölner Doms vor ihnen auf, und dann fuhr der Bus über die neue, weit ausgeschwungene Rheinbrücke.

Die Freude und Begeisterung der Jungen und Mädchen war gewaltig. Alle Rheinlieder, die sie kannten, wurden hinausgeschmettert.

Nun ging es an der westlichen Uferstrasse nach Süden dem Standquartier "Burg Stahleck" entgegen, wo wir abends eintrafen.

Wie oft sollten sie in den nächsten Tagen den steilen Fussweg als geborene Flachländer zur Burg emporklimmen. So verführerisch es ist, von den vielen Tagesfahrten und Fusswanderungen und der Dampferfahrt auf dem Rhein zu berichten, so soll hier doch von einem besonderen Erlebnis erzählt werden, das ein bezeichnendes Licht auf diese Lehrer-Schülergemeinschaft wirft.

"Herr Röpke, wir möchten gern einen gemeinsamen Abschiedsabend feiern. Erlauben Sie das bitte? Sie und Fräulein Lindhorst sind selbstverständlich herzlich zu eingeladen" begann am dritten Tag vor der Abreise Willi Pitt, der Klassensprecher, das entscheidende Gespräch mit seinem Lehrer.

"Wie habt ihr euch das gedacht?"

"Wir haben im Hotel 'Zum grünen Kranz' nachgefragt. Der Wirt will uns die geräumige Veranda mit dem Blick auf den Rhein reservieren. Um fünf Uhr soll es eine Kaffeetafel geben. Danach sollen wir etwas Wein trinken und tanzen."

"Ich habe im Grunde nichts dagegen einzuwenden. Aber du weisst ja, was ich von euch erwarte. Ich möchte nicht erleben, dass jemand zuviel Wein trinkt, und wir dann noch Scherereien mit ihm haben. Hierüber werde ich selbst mit dem Wirt sprechen. Wenn jeder drei Glas Wein trinkt, müsste es nach meiner Meinung ausreichend sein. Und um 9 Uhr ist Schluss."

"Vielen Dank, Herr Röpke", sagte Pitt, "Sie können sich auf uns verlassen!" und enteilte freudig zu den wartenden Klassenkameraden, die seine Nachricht mit Jubel aufnahmen.

Die Jungen und Mädchen hatten ihre besten Kleider und Anzüge aus den Koffern geholt und sich piekfein gemacht, als sie sich im 'grünen Kranz' versammelten. Wilhelm Pitt hielt eine grosse Lobrede, wie es sich bei solcher Veranstaltung schickt, und wünschte allen viel Freude und ein gutes Gelingen des Abends, vergass auch nicht, noch einmal auf die Spielregeln beim Weingenuss hinzuweisen. "Wer nicht drei Gläser vertragen kann, höre mit zweien oder einem auf! Fräulein Lindhorst und Herr Röpke sind natürlich nicht gemeint."

Fröhliches Gelächter und Beifall quittierten die Ansprache.

Jetzt stand ich auf und sagte, nachdem ich für die Einladung gedankt hatte: "Mitgegangen, mitgefangen. Wir beide begnügen uns ebenfalls mit drei Gläsern, zumal ich glaube, dass Fräulein Lindhorst auch gar nicht mehr vertragen kann." Damit hatte ich die Lacher auf meiner Seite. "Wir wollen es lieber nicht darauf ankommen lassen!" rief die Lehrerin dazwischen.

Die Feier nahm ihren Verlauf. Rheinlieder erklangen, es wurde geschunkelt und getanzt. Die Mädchen nippten züchtig an ihren Gläsern und die Jungen riskierten einen grösseren Schluck. Die Stimmung wuchs sichtlich.

In den Pausen sah man durch die Glaswand der Veranda die weissen Raddampfer und die Ketten der Lastkähne rheinab- und -auf fahren. Dabei bemerkte niemand, dass Inge Busch von Tisch zu Tisch schlich und hier und da einen Schluck trank oder die Neige aus einem Glas leerte. Inge war eine blonde Schönheit. Als Tochter eines Gutsverwalters war sie daran gewöhnt, auch mal Wein zu trinken und meinte nun, dies hier könnte ihr bestimmt nicht schaden, zumal es ein herrlicher Tropfen war. Doch "mit des Geschickes Mächten ist kein ew'ger Bund zu flechten und das Unglück schreitet schnell."

Draussen dunkelte es bereits, auch diejenigen, die einen kleinen Spaziergang unternommen hatten, kehrten in die Veranda zurück. Die letzte Stunde dieses schönen Abends sollte noch ausgekostet werden. Alle waren recht ausgelassen, tanzten und tranken noch ein Schlückchen. Auch ich war zufrieden und sagte zu meiner Kollegin: "Es sind doch prächtige junge Menschen. Ich bemerke niemand, der zuviel getrunken hätte. Einige sind höchstens leicht beschwippst, aber was schadet das schon."

Da kam Wilhelm Pitt kreidebleich auf mich zu. "Es ist etwas Furchtbares geschehen, Herr Röpke. Inge Busch ist betrunken. Wir hatten sie schon vermisst. Sie hatte sich in der Toilette eingeschlossen. Unseren Mädchen gelang es nicht, die Tür zu öffnen. Man hörte nur ein schauderhaftes Stöhnen. Da ist Jan kurzerhand über die Tür geklettert und hat von innen geöffnet. Nun liegt Inge bewusstlos nebenan." Ich sprang auf und eilte hinaus. Der Wirt kam mir entgegen. "Ich habe zum Arzt geschickt, Herr Lehrer." "Gut", rief ich, "wo ist sie?" In wenigen Schritten stand ich neben dem Sofa, auf dem Inge Busch bleich wie der Tod lag. Die Jungen und Mädchen, die neugierig und betroffen dabei standen, wurden hinausgeschickt. Die fröhliche Stimmung war verflogen. "Warum hat sie uns das angetan?" rief Elisabeth. "Nun ist der schöne Abend dahin. Und wir müssen alle darunter leiden."

Da sah ich sie gross an. "Elisabeth, wir wollen jetzt nicht an uns und unser Vergnügen denken, sondern hoffen, dass Inge dies überlebt." Mit schamerröteten Wangen ging sie hinaus.

Der Arzt kam, fühlte den Puls und hörte das Herz ab. "Der frische Wein kann eine Herzlähmung zur Folge haben", sagte er, "aber unser Fräulein hat glücklicherweise ein gesundes Herz. Ich hoffe nicht, dass wir noch mit Komplikationen rechnen müssen. Sie hat mehr getrunken, als sie vertragen kann. Jetzt muss sie ins Bett und wird morgen früh ihren Rausch ausgeschlafen haben."

Nach kurzer Lagebesprechung entschied ich, dass man Inge nicht im Taxi zur Burg hinauffahren könne, denn der Herbergsvater dürfe von diesem Zwischenfall auf keinen Fall etwas erfahren.

Vielmehr sollten Jan und Wilhelm Pitt sie den Steilhang emportragen und über den Wehrgang heimlich in den Mädchensaal schaffen. Inzwischen würden alle übrigen sich ebenfalls oben einfinden.

Die noch immer bewusstlose Inge wurde von Jan auf die Schulter genommen. Es war ein Bild für die Götter, wie sie mit herunterhängenden Kopf und Armen über seinen Rükken baumelte. Pitt folgte hinterher. Nur wenige Passanten schüttelten über diesen sonderbaren Transport die Köpfe und lästerten über die heutige Jugend.

Dass dieser schöne Tag ein so jähes Ende genommen hatte, bedrückte die restliche Schar sehr, die schweigend, wie ein Trauerzug den Berg emporstieg.

Am nächsten Morgen traf ich die Klasse vor dem Frühstück auf dem alten Turnierplatz, wo sich Inge reuevoll für ihr beschämendes Verhalten entschuldigte. Ich sagte nur: "Hiermit ist der Fall erledigt."

Da fiel es allen zentnerschwer vom Herzen. Als man den Weinkeller in Meischoss besichtigte, und jeder eine Weinprobe nehmen durfte, schob Inge den Kelch beiseite und trank keinen Tropfen mehr.

Singapur

Wir empfinden es oft als tiefen Verlust, dass der poetische Zauber über dem dunklen und steinigen Grund des Lebens erloschen ist und die Herzen in der Kälte und Trostlosigkeit des Daseins veröden. Aber den Bereich der Schule übersonnt er noch unentwegt, insofern die Harmonie zwischen Schüler und Lehrer noch nicht zerstört ist. Leider sind auch hier finstere Mächte am Werk, die unseren heranwachsenden Jungen und Mädchen einzureden versuchen, dass es nicht mehr wichtig sei, in der Schule zu lernen und zu reifen, sondern dass es vielmehr darauf ankomme, zu diskutieren und sich selbst zu verwirklichen.

Die Geschichte, die ich jetzt erzähle, spielte sich noch in einer Schule ab, in der der gesunde Standpunkt galt: Was Du ererbt von Deinen Vätern hast, erwirb es, um es zu besitzen. Es wurde also, abgesehen von einem gelegentlichen, gesunden Faulenzen, noch fleissig gelernt.

Auf dem Stundenplan steht "Erdkunde".

Wir sind beim Thema "Hinterindien".

"Inge Althoff, komm mal bitte nach vorn und erzähle, was du über Singapur weisst!"

Inge geht an die Landkarte und sucht verzweifelt nach der genannten Stadt. Die Asienkarte ist sehr gross und hängt tief herunter. Inge sitzt schon auf den Knien. Hier unten muss sie doch irgendwo liegen. Aber sie findet sie nicht.

"Lass dich man nicht beissen!" ruft Dieter boshaft. Dann eilt er nach vorn. "Hier liegt sie doch, Mensch!"

Inge steht verlegen da. Ich denke, du musst ihr eine Eselsbrücke bauen. "Inge, du weisst, dass Singapur eine typische Stadt des fernen Ostens ist. Mache uns das mal klar!" Sie bekommt einen roten Kopf und stiert vor sich hin. Offenbar ist sie ausnahmsweise schlecht vorbereitet.

"Na, nun mal los, Inge! Du wirst doch irgend etwas wissen?"

Da huscht ein verschmitztes Lächeln über ihr Antlitz. Sie schlägt die Augen nieder, und siehe da, ein Lied löst sich von

ihren Lippen: "Was haben die Matrosen in Singapur gemacht, in Singapur bei Nacht..." Eine ganze Strophe.

Nun schweigt sie erwartungsvoll. Ich höre ihr Herz klopfen. Die Klasse sitzt wie gelähmt da. So etwas hatte sich noch nie ereignet. Was würde der Rektor wohl sagen?

"Inge, den zweiten Vers! - Alle mitsingen!"

Selten hat eine Klasse so begeistert gesungen. Als der letzte Ton verklungen ist, bricht ein befreiendes Lachen los, dass die Fensterscheiben erzittern. Es will gar nicht aufhören.

"Inge, das hast du grossartig gemacht. Prüfung bestanden!"

Anerkennende Blicke der Mädchen und bewundernde Stielaugen der Jungen geleiten die Heldin zu Platz.

Der Aufsässige

Seit undenklichen Zeiten kehren im Leben der Schüler gewisse "Moden" von Jahr zu Jahr wieder. Meistens sind es harmlose Spiele und Gewohnheiten, die mit seltenem Eifer betrieben werden.

Wenn die Marmelkugeln rollen, erwacht die Spielleidenschaft der Jungen und Mädchen wie ein warmer Frühlingstag oder wenn beim Messerstich vom Gegner ein Rasenstück nach dem anderen erobert wird, jubeln die herumstehenden Anhänger des Siegers über seine Geschicklichkeit.

Mit gleichem Eifer spielen die Mädchen Himmel und Hölle oder lassen den Ball mit Händen und Kopf gegen die Hauswand prallen, bis sie "Ab" sind und die Kameradin ebenfalls ihr Glück versucht.

Trotz aller Verbote kehren aber auch alle Jahre nicht ungefährliche Dinge wieder.

Sobald der Holunder grüne Beeren angesetzt hat, werden sie von den Jungen durch dünne Blasrohre, die aus hohlen Holunderzweigen gemacht sind, in die Luft, aber auch bald auf ein Ziel geblasen, das nicht selten ein Mitschüler ist, den es dann mit brennendem Schmerz ins Gesicht trifft. Wohl ihm, wenn es nicht das Auge ist!

Eine wahre Unsitte aber ist die Schiesserei mit einem Katapult, der Eisenkrampen auf den Gegner schleudert.

Zu diesem Zweck schneidet man einen Zweig so ab, dass eine Gabelung erhalten bleibt. An den beiden Enden der Gabel wird ein Gummiband befestigt. Nun wird ein Krampen über dieses Band gesteckt, das Gummi stramm zum Körper gezogen. Lässt man jetzt los, schnellt der Gummizug nach vorn und schleudert den Krampen ins Ziel.

Mancher Singvogel und mancher Spatz hat auf diese schändliche Weise sein Leben gelassen. Doch nicht weniger gefährlich ist ein solches "Spielzeug" jeden Alters, das von solchem Geschoss getroffen wird.

Sobald ich bei meinen Schülern diese Waffe entdeckte, wurde sie sofort beschlagnahmt und ein Verbot erlassen, solche Katapulte anzufertigen und zu schiessen. Der erste, den ich in diesem Jahr fasste, war Günter Krieg aus dem Nachbardorf. Der Junge schoss mit solchem Eifer auf den eisernen Pumpenschaft, dass er mich, der leise hinter ihn trat, gar nicht bemerkte. Jedes Mal, wenn er die Pumpe traf, prallte das Geschoss mit hellem Klang ab, was gar nicht so ungefährlich war, denn seine Mitschüler standen im Halbkreis um ihn herum und quittierten jeden Treffer mit Jubel und Hallo.

"Günter, ich glaube, jetzt ist es genug", rief ich. Mit sichtlichem Schreck kehrte sich der Junge um und liess sein Katapult in der Hosentasche verschwinden. Mit hochrotem Gesicht und niedergeschlagenen Augen stand der Ertappte vor mir.

"Ich habe deine Kunst bewundert. Leider ist sie nicht ungefährlich. Wie leicht kann ein Krampen zurückprallen und Gisela oder Lotte oder Hans ins Auge treffen. Das hast du wohl nicht bedacht. Wärest du im vorigen Jahr schon in meiner Schule gewesen, würdest du das wissen. Ich verbiete dir ein für alle Mal mit einem solchen Ding zu spielen! Und nun gib mir die Schleuder her!"

Als die Schüler nach der Pause wieder im Klassenraum waren, wiederholte ich das Verbot für alle.

Nach der nächsten Pause meldete sich Rudolf Sternhagen.

"Was willst du?" "Günter Krieg hat eben draussen gesagt,

dass er sich doch wieder so ein Ding macht. Sie hätten ihm gar nichts zu verbieten!" "Petzer!" schallte es von hinten.

"Ist gar nicht wahr!" rief Günter und drohte: "Komm du man raus!" "Hast du aber gesagt". Dabei stiegen Rudolf die Tränen in die Augen.

"Immer sachte", mischte ich mich nun ein.

"Lieber Rudolf, du bist erst seit kurzem in der Schule und kannst noch nicht wissen, dass man seine Mitschüler nicht verpetzt. Ich bin sicher, dass du das nicht wieder tust. - Und du, Günter, lässt mir Rudolf in Ruhe! Du wirst dich doch mit deinen 10 Jahren nicht an dem kleinen Rudolf vergreifen! Erzähl mir lieber, auf welchen Strassen man nach Friedland kommt!"

So ging der Unterricht weiter.

Um 12.00 Uhr kamen alle heraus. Plötzlich hörte ich ein Geschrei vom Dorfplatz. Ich stürzte ans Fenster und sah, wie Günter Krieg den kleinen Rudolf verprügelte. "Günter" rief ich aus dem Fenster, "komm sofort zurück!" Der Junge liess Rudolf los, griff nach seiner Mappe und lief davon, obwohl einige Mitschüler ihm zuriefen: "Du sollst zu Herrn Röpke kommen!"

Mit dem kriege ich noch Scherereien, dachte ich, als ich das Fenster schloss. Es ist kein guter Junge, den ich dazuge-kriegt habe.

Mayflower

In meiner Generation war es ganz und gar nicht üblich, sich von den Schülern duzen zu lassen, was heute leider bei vielen jungen Lehrern als modern und gut angesehen wird, was ihnen aber in Wirklichkeit den letzten Rest an Ansehen nimmt, worauf sie anscheinend auch wenig Wert legen. Und doch habe ich zwei Schüler, denen ich das vertraute "Du" angeboten habe, allerdings erst nach ihrem Schulbesuch. Es handelt sich um ein Mädchen und einen Jungen.

Inge Solka, geb. Fellenberg, wohnt mit ihrer Familie schon viele Jahre in der Schweiz. Als wir einmal bei ihnen zu Besuch weilten, ergab es sich, dass wir Brüderschaft tranken. Während der Schulzeit war Inge Klassensprecherin ihrer Klasse und zeichnete sich durch Umsicht und korrektes Verhalten aus.

Der Junge heisst Rudolf Bollmann und ist auf dem elektronischen Gebiet als Meister tätig. Er ist der Sohn meines damals benachbarten Freundes. Für seinen Bruder und seine Schwester war ich schon, als Rudolf noch die Schulbank drückte, der "Onkel Walter". Als er seine Schulzeit mit guten Leistungen beendet hatte, durfte auch er "Du" zu mir sagen.

Ja, um ihn handelt es sich in der folgenden Geschichte.

In der Schule war er der typische Durchschnittsschüler. Nur nicht mehr tun, als unbedingt nötig ist. Jungen seiner Art mögen sich vor dem Lehrer nicht hervortun, um nicht in den Geruch eines Strebers zu geraten. Sie tun eben recht und schlecht ihre Pflicht. Dennoch war er mir positiv ausgefallen. Im Unterrichtsgespräch zeichnete er sich durch scharfes Denken aus. In ihm steckte zweifellos eine gehörige Portion Begabung. Das wurde offenbar, als es um die Jahresabschlussarbeit ging.

Er fragte mich eines Tages, ob er ein Schiffsmodell, die "Mayflower" basteln dürfe. Diese Arbeit gelang ihm so hervorragend, dass sie Aufsehen und Bewunderung fand.

Ich hatte das fertige Modell in meinem Dienstzimmer stehen, als eines Tages der Schulrat kam, der voller Begeisterung vor dem Modell stehen blieb und sagte: "Wer eine in jeder Beziehung exakte Werkarbeit schafft und so präzise die einzelnen Phasen seines Tuns beschreiben kann, muss eine gute praktische und theoretische Begabung haben."

Ich hatte mich nicht in dem Jungen getäuscht. Als Lehrer habe ich weder vorher noch nachher jemals eine solche Arbeit gesehen. Es war auch in den Augen des Schulrates ein Kunstwerk.

Ich lasse nun im Folgenden Rudolf Bollmann selber sprechen:

"Als Jahresarbeit habe ich mich zum Bau eines Schiffsmodells entschlossen, weil ich schon Erfahrungen durch den

Bau von Flugmodellen hatte. Es sollte ein historisches Schiff sein und war - im Gegensatz eines schwimmenden Modells - als Zimmerschmuck gedacht. Ich wählte die 'Mayflower', weil sie eine besondere Bedeutung hat und in die Geschichte eingegangen ist.

Wie bei jedem Modellbau sieht beim Betrachten der Baupläne alles sehr einfach aus. Wie gross aber die Schwierigkeiten sind, erfährt man erst bei der praktischen Arbeit. Oft wird ein Stück Holz verschnitten, ein neues Stück muss angefertigt werden oder die zarten Kleinteile zerbrechen. Der Rumpf, der aus zwei gleichen Hälften besteht, soll die richtige Form bekommen, Seitenteile und Deckaufbauten müssen gerichtet werden.

Lust und Liebe sind Voraussetzung für diese Arbeit. Sind sie vorhanden, werden auch die Schwierigkeiten überwunden. Es macht auch Freude, wenn man sieht, wie das Werk gelingt.

Es soll für mich eine Erinnerung an meine Schulzeit sein.

"Im August 1620 stach die 'Mayflower' mit rund 100 Menschen an Bord von Plymouth (England) aus in See. Es waren Puritaner, streng calvinistisch gesinnte Protestanten, die sich auf diese Weise den Verfolgungen der Staatskirche entzogen. Sie wollten sich in der neuen Welt eine Wohnstatt schaffen, um Gott auf ihre Weise frei verehren zu können. Sie wurden so die Begründer der Neu-England-Staaten, der Keimzelle der USA. Die Reise über den Atlantik dauerte 63 Tage und war sehr beschwerlich. 337 Jahre danach ging die 'Mayflower II' auf den gleichen Kurs. Der berühmte Seemann und Schriftsteller Allan WILLIERS führte sie. Mitte April 1957 verliess sie Plymouth und traf nach einer Fahrt von 53 Tagen im Hafen von New York ein, wo sie von allen anwesenden Schiffen mit Sirenengeheul begrüsst wurde.

Leider gehörte die 'Mayflower' zu den Schiffen, über deren genaues Aussehen kein Bericht mehr gegeben werden kann. Es war, wie so oft, eines der Dutzendschiffe, das Geschichte machte. Dazu kommt noch, dass sie bei ihrer berühmt gewordenen Ausreise schon mindestens 30 Jahre alt war und zu einem Typ gehörte, der um 1620 aus der Schiffahrt verschwand."

Nun folgt eine werkgetreue Beschreibung der Arbeiten am Modell. Bemerkenswert ist der gute Stil seiner Beschreibung. Hier wird nicht eine langweilige Aufzählung der einzelnen Phasen gemacht. Der Leser kann vielmehr durch die lebendige Darstellung jedes Handgriffs das Werden seiner Arbeit miterleben.

Er schliesst:

"Beim Betrachten des Modells kann ich mir die wirkliche 'Mayflower' vorstellen, wie sie mit geblähten Segeln über die Wogen des Ozeans gleitet, einer neuen Welt entgegen, die Pilger voller Hoffnung, eine neue Heimat zu finden, in der sie treu ihres Glaubens frei leben können. Für sie ist es ein Weg ohne Umkehr."

Wohl uns, wenn es viele solcher Rudolf Bollmanns geben würde!

Kameradschaft

Als er in mein Büro trat, nannte er seinen Namen: "Nielsen".

Ich bat ihn, Platz zu nehmen und fragte nach seinem Anliegen.

"Ich will meinen Sohn anmelden, aber die Sache hat einen Haken. Mein Sohn ist durch die Folgen einer schweren Kinderlähmung an den Rollstuhl gefesselt. Wir haben hier kürzlich ein kleines Haus erworben und ziehen aus Kiel fort, wo er in eine Schule ging, die solche Kinder ohne Schwierigkeiten verkraftet, weil die Einrichtungen dafür vorhanden sind. Hier sehe ich aber schwarz."

"Wir wollen mal sehen", sagte ich und sah, wie sich sein Gesicht aufhellte.

"Wie alt ist Ihr Sohn und welche Klasse hat er zuletzt besucht? Reichen Sie mir bitte die Abmeldepapiere!"

Er antwortete, indem er mir die Papiere reichte: "Hans ist 16 Jahre alt. Er war in der 10. Klasse der Realschule."

"Das passt ja grossartig", sagte ich. "Unsere Schule hat

einen Realschulzug! Herr Nielsen, ich würde Ihren Sohn gern einmal sehen."

"Er sitzt draussen im Wagen."

"Dann wollen wir mal zu ihm gehen."

Vor dem grossen Tritt unserer Schule stand der Rollstuhl, in dem ein grosser, stämmiger, blonder Junge sass. Als er mich sah, grüsste er höflich.

Ich gab ihm die Hand. "Und du willst hier nun weiter studieren?"

"Ja", sagte er frisch, "wenn Sie mich aufnehmen, gern."

"Herr Nielsen, das Problem ist nicht leicht zu lösen. Wie kriegen wir ihn in die 10. Die Klasse ist oben. Die liesse sich nach unten verlegen. Aber der Fachraum für Physik und Chemie lässt sich nicht umtauschen. Für diesen Unterricht müsste Hans auf jeden Fall nach oben. Wenn wir ihn schon oben haben, kann er ja auch in die dortige 10. Klasse. Ich sehe nur eine Möglichkeit, wenn die Jungen seiner Klasse bereit sind, müssten sie ihn täglich mit dem Wagen hinauf- und heruntertragen."

"Wenn Sie das möglich machen könnten, wäre alles gewonnen!" sagte Herr Nielsen erleichtert. "Die Jungen sollen das auch nicht umsonst tun, ich würde gern dafür bezahlen."

"Herr Nielsen, das wollen wir gar nicht erst erörtern. Ich bin dagegen, dass ein Werk der Nächstenliebe sich in klingende Münze umwandelt. Kameradschaft ist mehr als Bezahlung. Richard Wagner hat einmal gesagt:

'Deutsch sein heisst, eine Sache um ihrer selbst willen zu tun.'

Ich werde das mit den Jungen der 10. Klasse besprechen, die ich natürlich nicht zu einem Liebesdienst zwingen kann und will. Der Hausmeister wird Ihnen Bescheid bringen."

"Ich danke Ihnen, Herr Röpke, mir ist vieles leichter ums Herz." Damit verabschiedeten wir uns.

Zwei Tage später hatte ich Herrn Nielsen zu mir gebeten.

"So, Herr Nielsen, die Sache ist klar. Der Samariterdienst wird funktionieren. Vier Jungen übernehmen je eine Woche lang den Transport Ihres Sohnes. Dabei stellte es sich übrigens heraus, dass ihnen Hans kein Unbekannter ist. Er wäre öfter während der grossen Ferien bei seiner Grossmutter, die in der Westerborsteler Strasse wohnt, zu Besuch gewesen."

"Das stimmt", sagte Herr Nielsen. "Mir will es gar nicht in den Kopf, dass ich den Jungen nichts dafür geben soll!"

"Das ist doch einfach", sagte ich, "laden Sie die Jungen gelegentlich mal zu Kaffee und Kuchen ein."

Hans wurde schnell in die Klassengemeinschaft aufgenommen. Jeden Morgen von Vater oder Mutter gebracht, von dem Arbeitsteam in Empfang genommen und nach oben gebracht. Es war gar nicht so leicht, denn Hans und der Wagen hatten ein ziemliches Gewicht.

"Mach dich doch nicht so schwer", stöhnte Hermann einmal.

"Ich mach mich ja so leicht, wie ich kann", rief Hans.

"Du musst nicht so viel essen", meinte Jochen.

"Ich werde mich doch noch satt essen dürfen!"

"Ja, satt und satt ist ein Unterschied."

Nun hatten sie ihn die zwei Treppen emporgetragen, und er wurde in die Klasse geschoben.

Hans war ein sehr aufgeweckter Schüler und hatte ein reiches Wissen in den verschiedenen Fächern. Das hatte seine natürliche Ursache darin, dass er bei sitzender Lebensweise sehr viel Zeit zum Lesen hatte. Unbewusst wurde er in dieser Beziehung zum stillen Miterzieher. Die Jungen und Mädchen wollten ihm im Wissen nicht nachstehen und lernten fleissiger als sonst.

Die grosse Pause war bei uns 25 Minuten lang. Die ersten 10 Minuten bleiben die Schüler in ihren Klassenräumen, um im Beisein der Lehrkräfte ihre Pausenmilch zu trinken und ihr Frühstück zu verzehren. Die restlichen 15 Minuten ging es auf den Schulhof hinaus. Hier fanden nun die Mädchen ihr Betätigungsfeld und konnten ihre mütterlichen Veranlagungen zur Geltung bringen, indem sie Hans umschichtig versorgten. Das machte allen ein sichtbares Vergnügen.

Loni meinte eines Tages: "Hans, du bist immer so zufrieden und ausgeglichen. Mit dir wird deine Frau einmal wenig

Ärger kriegen."

Hans holte tief Luft und sagte: "Da hat eine Eule gesessen. Wer soll mich heiraten? Ich werden den grössten Teil meines Lebens in einer Heilanstalt zubringen müssen. Solange meine Eltern noch leben, mag es so angehen."

"Papperlapapp", rief Inge, "du bist ein hübscher Junge, du wirst eines Tages auch eine Frau finden, die dich verwöhnen möchte."

"Würdest du das tun?" fragte er heiter.

"Vielleicht" rief sie und lief lachend davon.

Was später aus Hans geworden ist, weiss ich nicht.

Heidrun

Was wissen wir schon vom geheimnisvollen Leben unserer Kinder? Wir meinen, dass wir sie bis in den Grund ihrer Seele kennen und täuschen uns oft genug.

In der 9. Klasse fiel Heidrun mit ihrem klugen Verstand und ihrem nimmermüden Fleiss auf. Sie riss mit ihrem Lerntempo ihre Klassenkameraden und -kameradinnen mit.

Ihr Geburtsschein wies sie als fünfzehnjähriges Mädchen aus. Von Aussenstehenden konnte sie leicht auf achtzehn Jahre geschätzt werden, denn sie war schon mit dreizehn voll erblüht. Hübsch war sie eigentlich nicht, aber stattlich und ansehnlich. Das blonde Haar, das sich an den Schläfen zu kleinen Locken kringelte, stand ihr gut zu Gesicht. Ihre Augen waren blau und glänzten vor innerer Freude.

Sie war übrigens keine Jungenstrina, obwohl sie einen Freund hatte, der bereits vor einem Jahr aus der Schule entlassen war. Und warum sollte sie nicht? Dass unsere Schüler in dem Alter auch Freundschaft mit dem anderen Geschlecht pflegen, ist doch eine alltägliche Selbstverständlichkeit.

Oft mag es vorkommen, dass sie sich dadurch von ihren Schulpflichten abhalten lassen, aber bei Heidrun war das nicht der Fall. Sie war in jeder Weise vorbildlich. Ihre Hefte prahlten vor Sauberkeit. Ein Buchstabe war wie der andere in gleicher Schönheit und Exaktheit geschrieben. Man spürte förmlich, wie sie sich bemühte, immer noch etwas hinzuzulernen. Bei den Schulausstellungen errangen ihre Nadelarbeiten Bewunderung und Anerkennung.

"Wer hat dieses Kleid gemacht?" - "Was die für einen Geschmack hat!" - "Eine Schneiderin kann es nicht besser." So hörte man die sachkundigen Mütter sprechen.

Heidrun hatte ein frisch-fröhliches Wesen und das Herz auf dem rechten Fleck. Dass der Geist der Klasse so tadellos war, ist sicherlich auf ihr gutes Verhalten zurückzuführen. Man hatte sie zur Klassensprecherin gewählt und so "regierte" sie die sieben Jungen und zwölf Mädchen mit sicherer Hand. Ich habe niemals unflätige Worte oder Redensarten in dieser Klasse vernommen.

Eines Tages meinte ein Kollege, als Heidrun über den Flur ging: "Na, die hat es aber auch schon faustdick hinter den Ohren!"

"Wieso?"

"Ja, ich habe sie des öfteren abends noch nach zehn Uhr mit Gerhard gesehen. Sie gingen eng umschlungen durchs Dorf."

"So???" sagte ich und ging weiter.

Ich wusste, dass die beiden schon seit Jahren befreundet waren. Warum sollte aus der langjährigen Schülerfreundschaft nicht Liebe erwachsen sein?

Tagsüber war Gerhard beruflich in Heide tätig und kam erst gegen sieben Uhr nach Hause. Sie konnten sich also nur abends treffen. Ich nahm mir aber vor, einmal mit ihr darüber zu sprechen. Als sie mir am folgenden Sonnabend das Klassenbuch brachte, fragte ich so nebenbei: "Heidrun, sag mal, gehst du abends nach zehn noch spazieren?" Sie steckte sich rot an und schwieg betreten.

Ich sagte darauf: "Ich will nicht dein Privatleben erforschen. Das steht mir nicht zu. Ich möchte dir nur einen kleinen Rat geben. Solange du noch zur Schule gehst, ist es besser, wenn du sommertags bis zehn Uhr im Hause bist. Einem Mädchen kann man leicht so allerhand anhängen.

74

Deshalb ist es klüger, sich in acht zu nehmen."

"Danke", hauchte sie und ging hinaus.

Ich aber ahnte aus ihrem Verhalten mehr, als sie wissen konnte.

Der Sommer war gekommen. In wenigen Tagen sollte es grosse Ferien geben. Heidrun fehlte heute in der Schule, was höchst selten vorkam.

Gegen neun Uhr klopfte es an mein Büro. - "Herein!"

Eine Dame vom Fürsorgeamt, Heidrun und ihre Mutter kamen herein. Mir schwante nichts Gutes. Die Mutter hatte ein verweintes Gesicht. Heidrun sah vor sich nieder und wirkte wie am Boden zerstört. Die Dame vom Fürsorgeamt begann sehr amtlich:

"Herr Röpke, wir müssen Sie mit einer sehr bösen Geschichte bekannt machen. Heidrun ist über Nacht nicht zu Hause gewesen. Der Bademeister hat sie heute morgen mit einem Jungen in seinem Dienstzimmer in der Badeanstalt überrascht, wo sie zweifellos eingeschlafen waren. Sie konnten zwar unter Zurücklassung einiger Wäschestücke aus dem Fenster entkommen, doch Heidrun wurde einwandfrei von ihm erkannt. Die Eltern sind fassungslos. Das Mädchen hat den Trotzkopf aufgesetzt und schweigt beharrlich. Wegen ihrer schweren sittlichen Verfehlung soll sie im Einverständnis der Eltern vorläufig in eine Erziehungsanstalt gebracht werden." - Pause. -

"Nun man langsam, Fräulein Spitzrock", sagte ich und hätte beinahe Fräulein Spitzmaus gesagt, "so schnell schiessen die Preussen nicht. Ich kenne Heidrun besser als Sie. Von sittlicher Verwahrlosung kann man doch nicht gut reden, selbst wenn die beiden dieses Pech hatten."

"Dann wollen Sie das Mädchen in Schutz nehmen?" flötete sie empört.

"Ja, denken Sie mal, das will ich!" Und zu Heidruns Mutter sagte ich: "Frau Winter, es ist nicht gut, in seelischer Erregung weitgehende Entschlüsse zu fassen. Nehmen Sie Ihre Tochter erst mal wieder mit nach Hause und überdenken Sie die ganze Geschichte in aller Ruhe. In einigen Tagen kommen Sie dann wieder zu mir, damit wir überlegen können, was zu tun ist. Zunächst kommen ja die grossen Ferien. Und bis die Schule wieder angeht, hat es neue Sensationen gegeben und von dieser Sache wird kaum noch gesprochen werden. Am besten schicken Sie Ihre Tochter zu einer Verwandten, dann legt sich die Rederei hier im Dorf am ehesten."

"Wird sie deswegen nicht von der Schule verwiesen?" fragte die Mutter und wischte sich die Tränen aus den Augen.

"Nein, höchstens das letzte halbe Jahr beurlaubt, wenn ihr Verhalten eine sittliche Gefährdung ihrer Mitschüler bedeuten sollte. Warten wir die weitere Untersuchung ab."

Die Fürsorgerin packte ihre Akten zusammen.

"Herr Rektor, darf ich Sie bitten, mir ein Schulgutachten über Heidrun zur Kreisverwaltung zu senden?"

"Gern, wenn Sie es über das Schulamt bei mir anfordern. Im übrigen würde ich an Ihrer Stelle auch den Kreisjugendpfleger zu Rate ziehen."

"Ich weiss allein, was ich zu tun habe."

"Fräulein Spitzrock, nichts für ungut. Es hat mich sehr gefreut, Ihre Bekanntschaft zu machen."

Mit kühlem Gruss verliess sie mein Dienstzimmer. Frau Winter und Tochter folgten ihr.

"Heidrun, einen Augenblick. Ich möchte dich etwas fragen."

Das Mädchen blieb zurück, und ich begleitete meinen Besuch hinaus. Als ich zurückkam, hatte sie ihren Wuschelkopf in die Hände gestützt. Wir schwiegen.

Nach einer Weile sagte sie: "Ich schäme mich so."

"Gut. - Ich will dir keine Vorwürfe machen, die hast du sicher genug bekommen. Aber du darfst nicht wieder in eine solche Lage geraten, weil sonst unweigerlich eine vorzeitige Ausschulung verfügt werden müsste. - Übermorgen gibt es Ferien. du bleibst bis dahin zu Hause. - Noch eins. Hast du den Jungen sehr lieb?"

Sie nickte mehrmals mit dem Kopf, und dann schossen ihr die Tränen als ein aufgestauter Strom aus den Augen.

"Dann musst du ihn später heiraten", sagte ich.

Da ging ein Lächeln über ihr Antlitz, als wenn die Sonne aus dunklen Wolken hervorlugt.

Drei Jahre waren vergangen. Ich hatte mich inzwischen aus dem Dorf in die Stadt versetzen lassen. Da wartete ich an einem Märzmorgen an der Strasse auf einen Bekannten, der mich mit seinem Wagen zum Dienst mitnehmen sollte, als sich auf der anderen Strassenseite aus der Menge junger Leute ein Mädchen löste und zu mir herüber sprang. Es war Heidrun. Sie fiel mir vor Wiedersehensfreude bald um den Hals.

"Mädchen, wohin willst du?"

"Zur Lehrabschlussprüfung", strahlte sie.

"Hast du gar keine Angst?"

"Nein, überhaupt nicht."

"Was macht Gerhard? Oder ist es aus?"

"Wo denken Sie hin, Herr Röpke, wir wollen uns demnächst verloben."

"Das ist brav von euch."

Wie ein Wirbelwind war sie wieder davon. Nach einem knappen Jahr habe ich ihr zu ihrer Hochzeit gratuliert.

Maren Martens

Die Zahl der Kinder, die es in der Schule schwer haben, ist leider nicht gering. Dafür lassen sich mancherlei Gründe anführen. Manchmal fällt solchen Kindern das Lernen schwer. Sie können einen neuen Lehrstoff nicht schnell genug begreifen, oder sie mögen aus irgenddeinem Grund den Lehrer oder die Lehrerin nicht, und es kommt dadurch nicht zu dem gegenseitigen Kontakt, der die Lernfreudigkeit ermöglicht. Der Lehrer ist viel mehr, als allgemein angenommen wird, von schicksalhafter Bedeutung für das Kind. Als ich, noch ein blutiger Anfänger, einmal bei dem um viele Jahre älteren Kollegen Lüth zu Besuch weilte, sagte er beim fröhlichen Fachsimpeln zu mir: "Junger Freund, vergiss niemals, dass du das Schicksal deiner Schüler bist!"

Dies Wort ist nie wieder aus meinem Gedächtnis entschwunden.

Maren Martens war zehn Jahre alt, als sie von der Volksschule kommend, in die 5. Klasse der Realschule aufgenommen wurde, deren Klassenlehrer ich war. Ich merkte sogleich, dass sie zu den verschlossenen Charakteren gehörte, zu denen der Zugang ausserordentlich schwierig ist. Denn wenn ich als Erzieher erfolgreich arbeiten will, muss ich das Herz des Kindes haben, sonst bleibt mein Tun und Wollen ohne Segen. Kinder in diesem Alter glauben, dass sie allein für den Lehrer lernen. Darum muss die Sonne des Vertrauens die Herzen in der Schule erwärmen.

Maren hat es mir anfangs über die Massen schwer gemacht, die Barriere ihres Misstrauens zu sprengen. Aber nicht mir allein. Ihre Englischlehrerin fragte mich nach ungefähr vierzehn Tagen: "Was ist eigentlich mit Maren Martens los? Ich werde nicht klug aus ihr. Sie sitzt immer mit einem Gesicht wie saure Milch da. Wenn alle lachen, verzieht sie keine Miene. In ihrer ersten Arbeit hat sie eine glatte '6' geschrieben. Die werden wir bald zur Volksschule zurückschicken müssen."

"Man immer langsam, Fräulein Müller, junge Pferde kosten Geld! Sehen Sie, ich bin ein im Dienst ergrauter Schulmeister und werde mich hüten, jetzt schon ein vernichtendes Urteil zu fällen. Was will das schon sagen, wenn sie in der ersten Englischprüfung ein Ungenügend hat? Für sie ist doch alles neu und fremd hier bei uns, sie muss sich erst zurechtfinden."

"Aber die andern...", wandte die junge Kollegin ein. "Ach was, die andern, die andern sind auch keine Leuchten! Haben Sie Geduld mit Maren! Ich bin überzeugt, dass sie sich bald fängt."

Beim Diktatschreiben sah es auch nicht gerade rosig aus. Die ersten Probediktate wimmelten bei der Hälfte der Schüler von Fehlern, und das Klassenbuch wies aus, dass es im Englischen nicht besser war, auch schrieb nicht nur Maren "Sechsen". Offensichtlich klafften, bedingt durch die Kurzschuljahre, überall gewaltige Lücken im Können und Wissen der Schüler.

Aber Maren litt mehr als die andern unter ihren Misserfolgen. Denn in der Grundschule hatte sie zu den Klassenbesten gehört, was auch die Ausleseprüfung bestätigte. Soweit es Diktatschreiben betraf, konnte nur eine Pferdekur helfen. Ich setzte also Schüler mit verhältnismässig sicheren Leistungen neben die schwachen.

Danach eröffnete ich ihnen: "Nun hört mir mal genau zu! Ihr habt doch schon gemerkt, dass ich euch beim Lernen helfen will. 'Fünfen' und 'Sechsen' mag ich einmal nicht gern schreiben. Es ist sicher auch viel wichtiger, erst gar nichts falsch zu machen, sondern gleich das Richtige zu tun. Aus diesem Grunde dürft Ihr auf das Heft Eures Nachbarn schauen, wenn Ihr nicht wisst, wie ein Wort geschrieben wird. Ihr dürft bei mir also richtig abgucken." Da sprangen meine 36 Jungen und Mädchen auf und klatschten, lachten und jubelten, so laut sie konnten. Nachdem sie sich beruhigt hatten, fuhr ich fort:

"Ich habe gesehen, wie euch das freut, weil Abschreiben sonst verboten ist. Aber so leicht ist das gar nicht, denn richtiges Abschreiben will auch erst gelernt werden. Wer gedankenlos abschreibt, zeigt damit, dass er dumm ist. Dumm ist aber niemand von euch, sonst hättet ihr ja die Ausleseprüfung nicht bestanden. Es kommt also darauf an, das Richtige vom Nachbarn abzuschreiben oder nur mal nachzusehen, ob der es auch so hat wie ich. Ausserdem werden wir von morgen an in jeder Deutschstunde eine Viertelstunde lang Diktat üben."

Nach dieser Ansprache leuchteten mir auch Marens Augen zum ersten Mal mit einem freudigen Glanz entgegen. Was aufgrund dieser neuen Methode kommen musste, kam. Mit Vergnügen und sichtlicher Wonne schrieben sie zunächst wahllos ab, natürlich auch das Falsche. Oft strichen sie das Richtige bei sich durch, weil sie ihren Nachbarn für klüger hielten als sich selbst.

Immer wieder fischte ich mir solche Fälle heraus, um ihnen zu zeigen, wie man es nicht machen dürfe. Allmählich lernten sie das "kritische Abschreiben". Und die Leistungen wurden von Woche zu Woche besser.

Und von Woche zu Woche schmolz auch die eisige Barriere zwischen Maren und mir. Ich gab ihr einen Posten, indem ich sie mit der Führung und Ausgabe der Klassenbücherei betraute. Ihr Selbstbewusstsein wuchs. Ihr ganzes Wesen wandelte sich zu ihren Gunsten, einstweilen aber leider nur bei mir.

Meine Kollegen waren durchweg empört, als sie von der "Abschreiberei" hörten und machten mir bittere Vorwürfe.

"Meine werten Kollegen, haben Sie während Ihrer Schulzeit nie abgeschrieben oder gemogelt? Ich habe als Schüler oft genug dem Nachbarn aufs Heft geschaut und wusste es klug genug einzurichten, dass der Lehrer nichts merkte. Machen wir uns doch nichts vor, damit unsere Schüler, wenn sie erwachsen sind, uns Schulmeister nicht als lebensfremd verteufeln. Im übrigen haben wir doch, meine Damen und Herren, volle Lehrfreiheit, die ich ihnen jederzeit zugebilligt habe. Ich bitte Sie, auch mir gegenüber Toleranz zu zeigen!"

Die Zeit verging, und Maren wurde immer sicherer und freier. Nach und nach fand sie auch zu den übrigen Lehrkräften ein gutes Verhältnis, allein zu Fräulein Müller wollte es nicht gelingen.

Ein Jahr später.

Alle Angelegenheiten, Freudiges und Trauriges, Angenehmes und Unangenehmes besprach ich mit meinen Schülern, so auch ihre Aussichten auf Versetzung oder Sitzenbleiben. Es stellte sich heraus, dass am Ende des Schuljahres nur ein Mädchen nicht versetzt werden konnte, weil sie in Rechnen und Deutsch nur mangelhafte Leistungen aufzuweisen hatte. Da stand Maren auf: "Herr Röpke, die ganze Klasse ist traurig, dass Agnes Puls nicht versetzt wird. Können Sie ihr in Deutsch nicht eine "Vier" geben?"

"Das ist schwierig", entgegnete ich, "ihr wisst alle, dass ihre schriftlichen Arbeiten unter dem Strich sind und dass sich Agnes am mündlichen Unterricht kaum beteiligt." Aber nun kamen die Bittsteller von allen Seiten. Maren bedrängte mich besonders: "Man zu, Herr Röpke, prüfen Sie Agnes doch noch einmal. Wir wollen alle den Daumen für sie drücken."

"Ich will es versuchen. Wenn sie alle Aufgaben fehlerfrei löst, sollen ihre bisherigen schlechten Leistungen nicht angerechnet werden." Da ging eine Bewegung rührender Kameradschaft durch die Klasse. "Los, Agnes, streng dich an!" Als ich sie nun an die Tafel rief, gerieten ihre Mitschüler in atemlose Spannung.

Agnes musste den Satz: "Der junge Tag steigt über Tal und Hügel und erfüllt die Herzen mit Sonnenschein" an die Wandtafel schreiben. Kein Fehler!

"Bestimme die Wortarten!" - Kein Fehler!

"Zerlege den Satz in seine Teile!" - Kein Fehler!

Was war dies? Plötzlich wusste sie alles, und sonst war nichts aus ihr herauszubringen. In der Klasse muckste sich niemand. Gespannt warteten sie auf mein Tun.

"Agnes, bisher hast du alles gut gemacht. Wenn du mir jetzt noch das lange Gedicht, das wir gelernt haben, fehlerfrei aufsagst, sollst du gerettet sein. Gehe zu deinem Platz zurück und sprich es von dort!" Durch die Klasse raunte es verhalten "Ach" -. Und sie begann:

"Herr von Ribbeck auf Ribbeck im Havelland,
ein Birnbaum in seinem Garten stand,
und kam die goldene Herbsteszeit,
und die Birnen leuchteten weit und breit,
Da stopfte, wenn's Mittag vom Turme scholl,
der von Ribbeck sich beide Taschen voll,
und kam in Pantinen ein Junge daher,
so rief er: "Junge, wist' ne Beer?"
Und kam ein Mädel, so rief er: "Lütt Dirn,
kumm man röwer, ich hebb 'ne Birn."

Maren Martens sass mit bleichen Wangen da und drückte ihre Daumen, damit das Werk gelinge. Sie würde krank, wenn Agnes jetzt versagen sollte. Es würde in der Welt nicht mit rechten Dingen zugehen, wenn dies misslänge. Agnes war ganz ruhig und sprach Vers für Vers, Strophe für Strophe fehlerlos bis zum Schluss.

"So spendet Segen noch immer die Hand
des von Ribbeck auf Ribbeck im Havelland."

Da rang sich aus Marens Brust ein Jubelschrei: "Gerettet, gerettet!" "Ja, Agnes, du hast dich selbst übertroffen. du bist gerettet", sagte ich. Sven, der Klassensprecher, stand auf: "Wird Agnes jetzt versetzt?" "Ja." Da brach ein unbeschreiblicher Jubel aus. Dann sagte Sven: "Agnes, bedanke dich bei Maren!"

Na, sowas!

Dieser Junitag prahlte schon am frühen Morgen im hellen Sonnenschein. Die Schüler meinten, er sei viel zu schön, um im Klassenraum zu schwitzen.

Die meisten Jungen und Mädchen der M10 sassen schon auf ihren Plätzen. Da stürmte im letzten Augenblick Hartmut Meier in die Klasse. "Was haben wir in der ersten Stunde?" fragte er. "Deutsch beim Chef." Da fuhr er erschrocken zusammen: "Menschenskinder, ich habe meinen Aufsatz vergessen! Was soll ich machen?" "Ganz einfach", sagte der Klassensprecher Thies Petersen. "du entschuldigst dich beim Rektor." "Nein, auf keinen Fall! Der brummt mir eine saftige Strafe auf. Ihr wisst alle, dass er auf den Tod nicht ertragen kann, wenn einer seine Schularbeiten nicht macht. Ich lasse es drauf ankommen. Ruft er mich heute wieder auf, habe ich Pech gehabt. Ich war doch erst gestern dran. Den Kopf wird es übrigens nicht kosten." "Deinen Optimismus möchte ich auch haben" rief Helga Müller.

Inzwischen hatte es zum zweiten Mal geklingelt und ich kam in die Klasse. Für heute hatten sie die Aufgabe bekommen, eine Sage aus der Stadt Neubrandenburg aufzuschreiben. Die Deutschstunde begann, nachdem wir uns fröhlich zugelächelt hatten. Jeder hatte sein Heft vor sich liegen. "Wenn alles gutgeht", begann ich, "werden wir nach dieser Stunde einen Wandertag machen. Das Wetter ist viel zu schön, um in der Stube zu sitzen." Die Ankündigung wurde mit heller Begeisterung aufgenommen. "Na, wer liest heute vor?" fragte ich. Alle Finger schossen in die Höhe. So blieb mir die Qual der Wahl. "Hartmut", sagte ich, "von dir habe ich lange nichts gehört." Ich liess mich von dem Gedanken leiten, einen guten Schüler dranzunehmen, damit die Harmonie dieses schönen Morgens nicht gestört würde. Hartmut schrak zusammen. Eine Blässe huschte einen Augenblick lang über sein Gesicht, dann stand er auf, nahm sein Heft in die Hände und las fliessend die Geschichte vor. Seine Klassenkameraden staunten über soviel Mut. Sie wussten ja mehr, als ihr Klassenlehrer ahnen konnte. Hartmut las also:

"Der alte Nagelschmied

Ein Nagelschmied rühmte sich bei einem Trinkgelage, dass er sich sich vor Gott und dem Teufel nicht fürchte und das Grauen nicht kenne. Das will ich in der heutigen mondhellen Nacht beweisen. 'In der Geisterstunde um Mitternacht geh' ich in die St. Marienkirche und schlage drunten im Totengewölbe diesen Zimmermannsnagel in ein Grabmal.'

Mit Hammer und Nagel betrat er die Kirche. Da schlugen warnend vom Glockenturm die zwölf Schläge zur Mitternachtsstunde. Jetzt erfasst ihn scheinbar doch das Grauen. Mit wankenden Knien erreicht er das Grab und schlägt mit zitternder Hand mit drei kräftigen Schlägen den Nagel ein. Er will schnell zurück, kann aber nicht; denn in der Angst und Eile hat er seinen Rockzipfel mit festgenagelt. Er denkt, der leibhaftige Teufel hält ihn fest. Bewusstlos sinkt er nieder und ein Schlaganfall macht seinem Leben ein Ende. Seitdem irrt seine Seele wie ein Geist um Mitternacht in der Kirche umher."

Hartmut setzt sich siegestrunken auf seinen Stuhl. Die Klasse ist wie gebannt. "Hartmut, das ist eine tadellose Arbeit. Aber einen Satz musst Du mir noch einmal vorlesen. Du schreibst da: Da erfasst ihn scheinbar doch das Grauen. Dabei ist dir ein Fehler unterlaufen. Wie muss es richtig heissen?" "Da erfasst ihn anscheinend doch das Grauen" berichtigt er schnell. "Wir haben gelernt, 'scheinbar' und 'anscheinend' zu unterscheiden. Anscheinend sagt man, wenn eine Sache den Anschein hat, z.B. Ich habe anscheinend einen Ausdrucksfehler gemacht oder er hat anscheinend überhaupt keinen Aufsatz geschrieben; scheinbar benutzt man..." "Halt, Hartmut, Du weisst Bescheid. Aber nun lies mir den betreffenden Absatz noch einmal vor." "Herr Röpke, entschuldigen Sie bitte, ich habe vergessen, den Text aufzuschreiben", sagte er kleinlaut. "Ich habe den Aufsatz aus dem Kopf gesprochen." "Bringe bitte dein Heft her!"

Dem Jungen war weich in den Knien geworden, als er das Heft auf den Schreibtisch legte. "Hier ist tatsächlich nichts aufgeschrieben. – Ich finde es eine tolle Leistung, den in deinem Kopf fertigen Aufsatz frei herunterzusprechen. Das nenne ich, aus der Not eine Tugend zu machen. Wenn du in deinem Leben alle plötzlichen Schwierigkeiten so genial löst, ist mir um deine Zukunft nicht bange."

Für die Klasse war es fast unbegreiflich, was hier geschah. Es gab keine Schelte und keine Strafarbeit! Nach kurzer Pause trommelten die Hände der Schüler Beifall auf die Tischplatten.

Ich sagte: "Jetzt wollen wir in den schönen Tag hinaus."

Walter Röpke

wurde am 25. August 1905 in Groß Schönfeld
(Mecklenburg) geboren.
Über vierzig Jahre lang war er im Schuldienst tätig,
zunächst - nach seiner ersten Eheschließung im
Jahr 1925 bis ins Jahr 1933 - in Friedland und
Neubrandenburg. 1944 kehrt der Vater von vier
Kindern schwerkriegsbeschädigt aus dem Krieg
zurück und siedelt mit seiner Familie 1946 nach
Westdeutschland über, wo er 1953 Rektor im Schul-
dienst Schleswig-Holsteins wird.
Nachdem der Lehrer im Ruhestand 1981 Witwer
geworden war, ging er im Alter von 77 Jahren eine
zweite Ehe ein.
Walter Röpke starb am 26. Februar 1990 in Buch-
holz in der Nordheide.

Lieber Leser!

Was lesen Sie am liebsten?

Die Programmpalette der edition DAX reicht von
Lyrik über Kurzgeschichten bis zu Romanen, Reiseberichten
und Tagebüchern. Geschrieben von deutschsprachigen Ge-
genwartsautoren, insbesondere auch neuen Talenten!

Möchten Sie - kostenlos und unverbindlich - Informationen
über unsere Neuerscheinungen erhalten? Dann schicken Sie
uns eine Postkarte!
Oder fragen Sie Ihren Buchhändler.

Schreiben Sie uns Ihre Meinung zu den Büchern aus der
edition DAX, Ihre Fragen und Anregungen an:

edition DAX
Alsterdorfer Straße 80
2000 Hamburg 60
Telefon 040 / 511 30 69